E L　C A N T A R E

エル・カンターレ
人生の疑問・悩みに答える
発展・繁栄を実現する指針

RYUHO OKAWA
大川隆法

まえがき

当会は、「正しき心の探究」から始め、「愛」「知」「反省」「発展」の現代の四《よん》正道《しょうどう》を極めることを目標としてスタートした。本書は、四正道の最後の「発展」そして「繁栄」に関する質疑応答集である。

初期の十年ほどになされた質疑であるので、十分に答え切っているかどうかは分からない。今読んでも、かなり難しい質問も多い。

宗教で発展・繁栄を説くと、この世の資本主義や市場経済との区別は難しくなるだろう。しかし、勇気をもって、現代の経済、仕事、経営、教育、芸術、芸能、産業、科学技術についても斬《き》り込んだ。こうした全方位《ぜんほうい》からの質問に答えるため、私の勉強も、天上界のインスピレーションを受けるのみならず、幾万、十数万の書籍を研究するところまで行った。おそらく生きている人間としては極限《きょくげん》まで努力したと思う。皆様のご参考になれば幸いである。

二〇二一年　七月二日

幸福《こうふく》の科学《かがく》グループ創始者兼総裁《そうししゃけんそうさい》
大川隆法《おおかわりゅうほう》

エル・カンターレ 人生の疑問・悩みに答える　発展・繁栄を実現する指針　目次

第1章　発展・繁栄《はんえい》を実現するマインドセット

第2章

豊かさをつかむための仕事・経営のポイント

第3章　人材を育てる教育者へのアドバイス

第4章　天上の美を伝える芸術・芸能への指針

第5章　経済・産業・科学技術の未来を考える

第1章

発展・繁栄《はんえい》を実現するマインドセット

1 「発展・繁栄《はんえい》の教え」を幸福の科学が説く理由

Q1

「繁栄《はんえい》」というと、この世的、三次元的なイメージを持ってしまいがちですが、「仏の目から見られた繁栄」をどのように認識し、活動に生かしていけばよいのでしょうか。

宗教法人設立六周年記念講演「繁栄への道」
一九九七年三月七日　栃木《とちぎ》県・幸福の科学 総本山《そうほんざん》・正心館《しょうしんかん》にて

仏教やキリスト教にない「発展・繁栄の法」を入れた理由

これは、宗教としての幸福の科学の、特徴《とくちょう》の一つの部分かなという感じはするんですね。というのは、「繁栄」のところの理解の仕方、ここが新しい宗教として必然性のあるところかなというふうにも思うのです。

釈迦《しゃか》の説いた仏教、二千五百年前の仏教でも、やはり現代のような高度に発展した経済社会を背景に持っていませんでした。貨幣《かへい》はありましたけれども、現代のような、こういう経済がなかった時代ですので、発展の思想はやはりかなり乏《とぼ》しいですね。

ですから、当会の教えで言えば、（四正道《よんしょうどう》の）「愛」「知」「反省」ぐらいまでは出ています。（仏教では）「愛」というかたちではなくて、「慈悲《じひ》」ですけれどもね。「慈悲」と「智慧《ちえ》」、それから、八正道《はっしょうどう》を中心とする「反省」。ここまで出ていますが、「発展」の思想は明確には出ていません。

ただ、在家《ざいけ》の人へのアドバイスのなかには、「努力して、一生懸命《いっしょうけんめい》働いて、お金を貯《た》めることはいいことだ。働いてお金を貯めたら、奥《おく》さんにかんざしでも買ってあげなさい」というようなことはちゃんと遺《のこ》っていますから、なかなか気の利《き》いたことを言っています。

出家者《しゅっけしゃ》にとってはかなり低レベルの生活しかできませんでしたけれども、在家の方の経済的繁栄については認めていたというか、許容していたということは、遺っているものからも分かります。ただ、教えとして、発展の教えは明確ではなかったわけです。

ただ、後世の大乗《だいじょう》仏教の運動のなかには、その繁栄・発展の部分は少し出ていると思うのですね。

キリスト教などを見ましても、やはり、イエスの、例の「金持ちが天国に行くのは、ラクダが針の穴を通るより難しい」というような教えがあるので、これが非常に厳しくて、近代以降、困ったのです。

宗教改革以降、カルバン以降、ここを何とか解釈《かいしゃく》して、この繁栄の思想を何か取り入れないと資本主義と合わないですから、苦労して、教義をいろいろと取り繕《つくろ》ってやっているのですが、教会に行っている人たちの率直《そっちょく》な感想としては、『聖書《せいしょ》』を読むだけでは、経済的繁栄とか、今やっている仕事とかとのつながりが、どうしてもすっきりしないのです。

そういう教えが明確でないというところが、今、キリスト教の少し廃《すた》れている部分です。外見的には広がっていますけれども、教会など、なかでは下火《したび》である理由は、この繁栄のところがイエスの教えとして明確ではないところだと思うのです。

「ラクダが針の穴を通るほど難しい」と言いつつも、「祈《いの》り」とか、そういうものがキリスト教にもありますから、そのへんのところを応用して、キリスト教系の新しい宗教は「繁栄の教え」のようなものを引きずり出そうと、一生懸命、頑《がん》張《ば》っているのですけれども、まだ、最初の、当初のイエスの教えからいくと、若《じゃっ》干《かん》、厳しいかなと思います。

当会のほうは、この「愛」「知」「反省」に「発展」というものを明確に加えて、「発展・繁栄の法」が入りました。これが、現代性があるし、未来社会に適合する教えだし、今、必要だし、現代人が求めている教えだと思うので、これを入れたのです。

二千年前とか二千五百年前の教えに戻《もど》って、いわゆる原理主義ですね、最初に説かれた原始仏教、あるいは原始キリスト教といった、原理から一歩でも外れたら違《ちが》うというふうな考えから見れば、これだけ明確に「発展・繁栄」を説くというのはずいぶん不思議に見えるかもしれないけれども、宗教自体が古びてきて、もう役に立たなくなってきているのは、ご承知のとおりです。

ですから、ここはやはり、どうしても宗教改革としては立て直す必要があるし、明確に、この「繁栄」の思想を宗教として説く必要があると思うのです。そういうことで、私はやっているのです。

特に、「三次元的に見てどういうことなのか」という考えですけれども、もちろん、「あの世的な幸福」を説くことは、宗教にとっては簡単なことですし、それがもともとの主旨《しゅし》でもあろうと思います。

単に「この世からの逃避《とうひ》」という意味での「あの世」とか、あるいはキリスト教的に、「この世的には悲惨《ひさん》な人生でも、あの世では栄光が待っている」というふうな説き方は、楽と言えば楽なのです。比較《ひかく》的楽なのです。「みなさん、死ねば、あとは〝すごい〟ですよ」と言えば、この世的には何もご利益《りやく》がなくても構わないわけですから、非常に楽は楽なのです。宗教としては楽なのです。

ただ、これだけ法律や政治や経済が発展して、科学も、いろいろな技術も発展している時代で、やはり現実生活とあまり適合しない、理想ではなくて夢想のようなことだけ説いたのではいけないということで、当会の教えのなかには、「リアリズム」「現実主義」や、あるいは「実用主義」「プラグマティズム」のようなものが入っています。

ですから、「あの世的な繁栄をこの世に投影《とうえい》したら、どういうふうになるか」という実証のところも、やはり教えのなかには入っている。実証も入っているということです。

仏法真理《ぶっぽうしんり》を学ぶ者が成功することの意味

そういうことで、結論的にどういうことを求めているかというと、やはり、この仏法真理《ぶっぽうしんり》を学んでいる方に、この世的にも成功していただきたいなというふうに、私は思っているのです。

無神論の方が成功したり、唯物論《ゆいぶつろん》の方が成功するよりは、やはり、「神様、仏様を信じています」という人に成功していただくほうが、この世がユートピア化するのはもう確実なのです。

人々のため、人を愛そうと思ったり、世の中をよくしたいと思っている人が成功すれば、ユートピア化は近づくのですが、従来の宗教に行く方は、えてして、この世的に弱い方、成功されなかった方が多いのです。

まあ、それも一つの導きですから、否定しているわけではありません。いいのですけれども、逃避場《ば》、あるいは社会福祉《ふくし》の別形態としての宗教というか、心のケアとしての宗教の面もあるのですが、それだけでは、宗教を信ずる勢力がメジャーというか、大勢《たいせい》にはならないだろうと思うのです。

やはり、それを信じている方々が、ある程度、成功していくほうが、「ああ、ああいうふうな教えを信じてやったら、この世的にも成功するのだな」ということで、それもまた、次に信じる人を増やすための導きにもなります。

みなさんにも、例えば会社勤めをされている方でしたら、やはり成功していただいたほうが影響力《えいきょうりょく》が大きくなりますし、そういう方の言うことでしたら、「では、信じましょう」という方も、たぶん増えるだろうと思うのです。

それから、会社をやっている経営者のような方であれば、やはり、唯物論の方が大会社をつくるよりは、「神様、仏様」と思って感謝、献金《けんきん》、植福《しょくふく》をしてくれているような方が、それをしながら、どんどんどんどん大きくなってくださるほうが実証にもなるし、私としてもありがたいなと思います。

できれば、正しい道を学んでいる方が成功していくようにしたいのです。そのほうが、宗教が裏側ではなくて、いわゆる表の世界で認められる道なのではないかなと考えています。

この世での成功も、それが、いわゆる我欲《がよく》とか、執着《しゅうちゃく》の塊《かたまり》になる方向であったらいけないと思うのですけれども、そういう真理を学んでいる方が、いろいろなかたちで、社長さんになったり、もちろん小説家で成功したって、俳優で成功したって、別にいいのです。もう一段、大きな成功を収めていただいたほうが、やはり「真理の実証」としてはいいのではないかなと思います。

これをやらないと、少なくとも多数派にはたぶんならない。真理を信じている人が次々殉教《じゅんきょう》していくだけでしたら、やはり、どうしても多数派にはならない。多数派になるには、かなりの年数、数百年の年数がかかる。

だから、できるだけ成功していただくほうが、早い時間で広がりやすいと考えていますので、どうぞご遠慮《えんりょ》なく、会社でご出世され、本来、課長で止まるところが部長に、部長で止まるところが役員に、役員で止まるところが社長に、社長で止まるところが相談役に……、それはないですか（会場笑）、まあ、とにかく一歩、前進していただきたい。

自分も他人《ひと》も幸福になっていくために注意すべきこと

また、お子様がたについても、「あなたがたは、心があればいいんだよ。心さえ正しければいいんだから、勉強なんかしなくてもいいんだよ」という宗教もありえるとは思うのですが、やはり、これからは情報社会です。知力社会が展開しますから、「宗教をやっている」ということが、「必ず頭が悪くなることだ」というふうに持っていかれますと、やはりメジャーにならないですね。これも、マイナーになって、社会からちょっと外れた方向の人になるでしょう。

やはり、真理をやっている方が、勉強もおできになったほうが、将来的には数多くリーダーになっていく道が開けますから。お子様がたも、どうぞ頑張って、ちょっと多めに点数を取っていただいて、本来、まぐれと言われるようなところを、そうでないかたちで、いろいろなところに合格していただいたりというかたちで、不良にならずに優等生になったり、そういうことがあっていいのではないかなと思うのです。ただし、「知」のみで、「心」を忘れては成功とは言えません。

宗教を信じている方のなかには、罪悪感のために、それを晴らすためだけにやっている方も多いのですが、やはり、それは個人の段階で終わっているだろうと思います。完結していると思うのです。

しかし、やはり、「世の中に広げていく」という意味においては、幸福な人をつくっていく必要があるのです。まずは、自分も大事で、大切にしてください。「自分を捨てて、他人《ひと》が幸福になればいい」というけれども、本当に他人が幸福になっているかどうか。単に自己犠牲《ぎせい》というけれども、そこで一人の不幸な人をつくったら、現実には、その不幸な人を救う仕事がまた発生するわけですから、まずは自分自身を大事にすることが大事ですね。幸福になっていただきたいのです。そして、他の幸福な方をつくる手伝いをしていただきたい。

もし、あなたが不幸になって、「私は不幸だけれども、ほかの人が誰《だれ》か幸福になればいいわ」という考えであれば、「主人が一生ヒラで終わったために、課長になれる人ができたのね。よかったわね」という考えですね。そういうふうになりますね。マイナスの考えです。「うちの息子《むすこ》が受験で落ちたために、一人合格したのね。よかったね」という、こういう考えもあると思います。宗教的には、なかにはこういう考えもありますから、それもあるけれども、ただ、それは大勢《たいせい》にはならない。そういう考え方は少数にしか絶対ならないので、やはり、もう一歩努力して、成功の道に入っていただきたいと思います。

用心するのは、自我我欲や自己顕示欲《けんじよく》、あるいはうぬぼれ、執着の増大です。ここは用心しなければいけないけれども、ヘルメス的な「愛は風の如《ごと》く」の思想さえ持っていれば大丈夫《だいじょうぶ》なはずです。

2 「影響力《えいきょうりょく》においては限界がない」という教えについて

Q2

「個人個人の持っているエネルギーや能力、時間には限界があるかもしれないけれども、その影響力《えいきょうりょく》においては限界がない」という教えがありますが（『神理《しんり》文明の流転《るてん》』〔幸福の科学出版刊〕第3章「勇気の原理」参照）、それは、「一人ひとりの生き方において、勇気を持つ量に応じて、影響力が大きくなる」というふうに解釈《かいしゃく》してよろしいのでしょうか。

一九八九年 五月研修「勇気の原理」

一九八九年五月三日　兵庫県・宝塚《たからづか》グランドホテルにて

無限に影響力を生んでいく「生き方」とは

私たちの人生というか生き方というのは、決して、単純作業のようなものと一緒《いっしょ》ではないのです。ボルトを締《し》めたりナットを締めたりするような、ああいう単純作業と一緒ではない。「単位時間当たりで、これだけの結果が出る」というような、ああいう仕事ではないのです。

人の生き方というのは、無限に影響力を生んでいく。それは、「その人が実際に接した人の数」とかいうことになると有限かもしれないけれども、影響は、次々と連鎖《れんさ》反応的に起きてくるからなのです。実際、そういうことがあるわけなのです。

例えば、あなたが素晴《すば》らしい人格者になったときに、あなたには、実際に会える人、話ができる人は限られているかもしれないけれども、あなたが接した人たちを揺《ゆ》さぶった量が大きければ大きいほど、他の人へ伝わっている〝衝撃波《しょうげきは》〟はまた大きいのです。

そして、その人からまた他の人へ、それから、その人の子孫《しそん》へと、いろいろなかたちで横に縦に流れていくのです。

この揺さぶりが大きければ大きいほど、二千年、三千年、いや、もっと続いていくことになるわけです。

この意味において「限界がない」と言っているのです。個人としての活動能力、行動能力には限界があっても、その影響力は、それが深ければ、高ければ、また広ければ、本当に真剣《しんけん》なものであれば、無限のものを生み出していくということなのです。

これは、もちろん、みなさんだけではなくて、私などでも同じことが言えるのです。同じく何十年か生きたとしても、「どれだけの仕事ができるか」ということは、実際上やった仕事量だけでは決まらない。それから二次的、三次的にと、そういうふうに副次的に広がっていく大きさ、ここまで含《ふく》めなければいけない。

イエス様でもそうです。仕事量だけで測ったら、イスラエルのあの湖のほとりで、せいぜい数千人ぐらいの人としか会っていないし、弟子《でし》たちはああいう状態ですし、生きているうちに組織もできなければ、教会もできなかった。書いたものも遺《のこ》せなかった。

だから、その三年間だけの活動を見たら、限界はあると思います。明らかに有限だと思いますが、その有限の活動が、その後、どれだけ無限に広がっていったか。そして、それは今でもまだ終わらない、まだ続いている。こういうことがあるわけです。

同じようにはいかないかもしれませんけれども、ひとたび一人の人が勇気を奮い起こして、そして決然として断行したことが、あるいは生き方が、どれだけの影響力を出すか。それは明らかに無限である。

他の仕事ではそういう無限はないかもしれないけれども、こういう真理に照らした勇気の行動というものは、無限の広がりを、波紋《はもん》を呼ぶ可能性があるということです。

これさえ知っておいてくれれば、「たかが身長一メートル何十センチ、たかが何十キロの方《かた》」「たかが数十年の人生」、これを軽く見ることも可能だけれども、「重く見れば、これは大変なことになりますよ」ということですね。

ですから、「人生は、見方によれば、鉄屑《てつくず》にも、鉛《なまり》にも、あるいは純金にも、ダイヤモンドにもなりますよ」ということだと思います。

3 「政治・経済的に弱い立場の人」と天国・地獄《じごく》の関係について

Q3 社会的弱者、病人、貧しき人たちの救いと悟《さと》りについてお訊《き》きします。「社会的に弱い人、貧しい人々は犯罪に近い」ということを、小説ではありますが、『レ・ミゼラブル』のジャン・バルジャンの例が示しているかと思います。社会的に弱い人、貧しい人々は、富める裕福《ゆうふく》な人たちよりも地獄《じごく》に近いのでしょうか。古今東西《ここんとうざい》の弱い人、貧しき人々の救いと悟りについてお教え願います。

一九九〇年 第十二回大講演会「仏陀再誕《ぶっださいたん》」
一九九〇年十月二十八日 千葉県・幕張《まくはり》メッセにて

政治・経済的な弱者の救済を宗教はどう考えるか

その「弱い人」といいますか、「弱者」の定義に問題がまずあるだろうと思うんですね。弱者にも、単に「政治・経済的にだけ弱い」というふうな弱者もあれば、それとは違《ちが》った意味で、「心が弱い」という弱者もあるでしょう。この分類をしますと、実際に思われているのとはかなり違った分類が、実際は出てまいります。

そこで、いわゆる「この世の中で弱い」とされている、経済的に、あるいは政治的にも位置の低い人たちは天国に近いのか、近くないのかということですけれども、これは「両方ある」ということが結論です。「近い人もいる。遠い人もいる」、両方います。

その社会情勢に応じて、光の天使たちが彼らを奮い立たせ、導きに至らせるために、「弱き者やそうした者たちは神のそばにいる」ということを言って、救いに出ることもあります。でも、現実は、「近い場合」と「近くない場合」の両方がございます。

やはり、社会・経済的にうまくいっていないと、世の中の犯罪が多くなったり国が乱れたりする条件になることも事実です。そこで、説かれる法も、その社会の発展段階に応じて、いろいろと変わってくることがございます。

今のインドの地では、例えばマザー・テレサという方が、いろいろな難民救済、難病救済のために活動していますけれども（説法《せっぽう》当時）、ああした仕事は日本などであればどうなっているかというと、もう「政治の仕事」になっているのです。政治が、福祉《ふくし》とかそういうことでやっているのです。そして、具体的には医療《いりょう》、医者たちがそれをやっているのです。

また、国民の暮らしを豊かにするのは経済の問題でもあります。それで、政治・経済が発展していないときには、宗教がすべての面倒《めんどう》を見ているのです。だから、そういう人たちを食べさせたり病気を治したりするのは、全部、宗教の仕事になっています。

けれども、発展した国になってきますと、専門分化が行われて、かつて宗教家たちがやっていた仕事を、一部は医者が担当し、一部は経営者が担当し、一部は政治家が担当し、さまざまな方がやっています。

そして、今、日本などはそういう段階に来ていますけれども、宗教家たちが、本来の仕事、「心そのものを問う。心そのものを治療する」ということをストレートにやれる時代が来ているというふうに思います。

こういうものであって、その「病《や》める者」とか「貧しき者」とかいうことも、その社会の変動に応じて、いろいろな考え方があるわけです。

今、日本がそうした貧しい国であれば、私の説く法もまた違ったものになります。その場合、私の説く法はどういうことを中心に説くかといいますと、おそらくは、そうした人々を比較《ひかく》的短い説明で悟りのほうに向かわせるような、そういう説明をするでしょうし、そのために数多くの方便《ほうべん》をたぶん使うようになるでしょう。方便は、彼らがすぐその道に入ってきやすくなるような方便を使うでしょう。例えば、「豊かになるにはどうしたらよいのか」「病気を治すにはどうしたらよいのか」というふうな方便からたぶん入るでしょう。

しかし、現在、だいぶ様相は変わっていますので、違ったかたちで、「法そのものをストレートに問う」というかたちでやっております。

意外に「都市型宗教」だった釈尊《しゃくそん》の時代の仏教

ちなみに、かつて釈尊《しゃくそん》がインドで法を説いたときはどうであったのでしょうか。

これについて「無学文盲《むがくもんもう》の貧しい人たちに分かりやすく説いた」と言う宗教家

もいらっしゃいますけれども、現実はどうであったかといいますと、釈迦《しゃか》の弟子《でし》の五割から六割ぐらいは「バラモン」といわれた人々であったのです。バラモンというのは、宗教を専門にする人たちです。いわゆる「学者階級」といってもよいでしょう。当時の知識階級が五、六割であったのです。これが弟子の中心です。

それ以外に、「クシャトリヤ（王侯《おうこう》貴族・武士階級）」、あるいは「商工業者」、こういう人たちが三、四割いました。また、それ以外に、当時はかなり蔑視《べっし》されていた下層の人たちがいらっしゃいましたけれども、こういう方々が一割以内ぐらいいたのです。

実際の構成上は、そのようにある程度、知識階級が中心であったわけなのですけれども、いったん教団のなかに入った場合には分け隔《へだ》てなくやっていました。それは、もちろん、「そういう経済的なものや、その家柄《いえがら》や、あるいは階級にかかわりなく、仏弟子としてのスタートは、もう平等である。悟りの量によって測られる」、こういうことでありました。

しかし、現実には、説かれた法そのものは、当時のインドではかなりレベルの高い人たちを中心に説かれたのも事実です。

そして、今、仏教というものを、「田舎《いなか》の野山に臥《ふ》すだけの宗教」と思っている方も非常に多いかもしれませんけれども、仏教というのは「都市型宗教」なのです。本格的な都市型宗教なのです。もう大都市のすぐ近くで行われていたのが仏教で、まったくの都市型宗教なのです。それを誤解しているような団体などもあるようですけれども、都市型なのです。そうした優《すぐ》れた方々を中心に説いたのです。

これはどういうことかといいますと、「社会的に影響力《えいきょうりょく》があって、理解力の高い人たちをまず最初に教え、教導して、彼らに次第《しだい》しだいに下の階級の人たちを導かせるということが、伝道の組み立てからいって、かなり時間を縮めることになる」という考え方から、そういうふうにしたわけです。

ですから、これは伝道効果を考えての方法論であったわけですけれども、考え方として、この「上下《うえした》」とか、「豊かであるか貧しいか」とか、そうしたことは、いったん仏法真理《ぶっぽうしんり》に学んだ場合には、いわゆる「法の下《もと》の平等」ということが明言されていました。しかし、その行動形態そのものは、ある程度、階層別に照準を合わせた説き方がされていたのです。

こういうことが仏教では言えます。

ただ、キリスト教のほうはちょっと違います。それはたぶん、キリスト教が広がった地方が、やはり文化的に、当時のインドの知識階級たちが集まっていたところと少し違っていたこととと関係があるのではないかと思います。

神の目から見たら、貧富《ひんぷ》や地位の違いは、結局、どう見えるのか

それで、要点は、神の目から見た場合は、みんな「平等」なのです。ですから、経済的に裕福だから救われないということはありません。貧しいから救われないということもありません。裕福であろうが貧しかろうが、地位が高かろうが低かろうが、そんなことには関係なく、その人の心の持ち方によって「救う、救われる」は決まるのです。そういうことなのです。

ところが、時代によっては、そうした特殊《とくしゅ》な学問をやった人でないと分からないように思われるときもあったので、そういうときには方便によって、「そういう優れた人々ではなくて、貧しい人たちが救われるのだ」という教えも説くことがありました。

結局は、その人の立場や、そんなものは何の関係もない。経済力も何も関係が

ない。すべて「法の下に平等」であり、「心のあり方において、すべてが決定される」ということです。

貧しくても、地獄に堕《お》ちる者あり、天国にいる者あり。富んでも、地獄に堕ちる者あり、天国に行く者あり。それはさまざまです。それぞれの経済条件や自分の身分等を、プラスに使うかマイナスに使うかは、やはり各人の問題であるということです。貧しくても、そのことで愚痴《ぐち》や不平不満を溜《た》めて生きていった人たちは、やはり地獄に堕ちることがあります。同じく、富んでいても、心穏《こころおだ》やかに生きている人たちは地獄には堕ちません。

ですから、あくまでも「心の問題」であるというふうに考えていただければ結構です。「神の目の前には弱者も強者もない」ということです。

4 「反省」から「発展」に向かうにはどうすればよいか

Q4　幸福の科学の教えである「四正道《よんしょうどう》」では、「愛・知・反省・発展」というように、「発展」の前に「反省」を説いておられますが、私は反省をし出すと止まらないタイプで、考え込《こ》むのが好きなので、伝道など、発展の方向に行かずにとどまってしまう部分があります。反省から発展への転換期《てんかんき》をつかむコツを教えてください。

関西特別セミナー「希望実現の法則」『繁栄《はんえい》の法則』講義」
一九九二年一月五日　大阪《おおさか》府・泉大津《いずみおおつ》市民会館にて

幸福の科学の教えは「デパート」のように多様性がある

ワンパターンというのは楽なんですね。そして、普通《ふつう》の宗教はだいたいワンパターンです。

ですから、「生長《せいちょう》の家《いえ》」みたいな発展の思想だけだと、ワンパターンで行けて楽なのです。みんなそれで行けるし、反省なら反省だけでずっと入っていくほうが、やはり楽なのです。あるいは、禅《ぜん》のように、反省もしないのだろうけれども、「ただ坐《すわ》っている」というところもそれなりに効果があるのだろうから、坐るだけなら坐るでやっていくことだって一つでしょうし、神道《しんとう》のように「神様にお願いする」ということだけで行くのも一つです。

このように、ワンパターンというのは楽であり、ある意味ではシンプルで広がりやすいでしょう。どこもワンパターンにしているのです。そうしないと心が一つに定まらないので、やりにくいのです。一つに固めてやると、みんながそちらのほうにワッと行きますから、力も出るし、広がるし、やりやすいのです。

ただ、幸福の科学の教えは非常に贅沢《ぜいたく》な教えなのです。非常に贅沢なのです。神様の教えがもう溢《あふ》れているのです。ですから、そういう意味での高級百貨店みたいなところが、やはりあるのです。

「そんなに物がありすぎて困る」とおっしゃる方は、駅前商店街のほうに行かれたらよいのです。小さい店がいっぱいあり、そういう単品、迷わないで買えるところがあるんですね。八百屋《やおや》さんとか魚屋さんとか、迷わず買えるところがあるので、「わざわざ高級デパートに来て迷う」というけれども、それは目を鍛《きた》える以外にないのです。目を鍛えて、デパートで買い物ができる身分にならないとしかたがないのです。

何度かその教えを学んでいるうちに目が肥《こ》えてきて、「どれを今買えばいいのか」「財布《さいふ》の額は幾《いく》らで、どのものだったら買えるのか」「季節商品は何なのか」「どのブランドが今よく出ているのか」といったことを勉強すれば、デパートでも上手な買い物ができるようになってくるのです。そういうことで、単品ものではない難しさがあると思います。

この地上にあえて生まれてきた意味とは

「反省だけだったら楽だ」と言うし、「発展は難しい」と言うけれども、私だって、やはり難しいのは一緒《いっしょ》なのです。

私自身だって、ごく自然に流れるままに放っておくとどうなるかというと、それは、山に入って小屋のなかに坐ったり、海辺で瞑想《めいそう》したりするほうがよっぽど好きなのです。大都市の真ん中で、もう、ワアワアワアワアとうるさく仕事をして、人が出たり入ったりして、どんどんどんどん「発展、発展だ」というのは、私の性《しょう》には合っていない部分も、正直に言ってあるのです。できたら、大勢を相手にしないで一人で瞑想しているほうが、私はよっぽど好きなのですけれども、なぜか、大勢の前で話をしなければいけないような立場なのです。

ですから、「しかたがない」と言ったら語弊《ごへい》があるけれども、そういう仕事であるので、やむをえずやっているのですが、外へ出ていろいろなところでやるのが好きかといったら、そんなに好きではないのです。基本は私も瞑想体質ですから、禅寺で、お坊《ぼう》さんみたいにジーッと坐って、わび茶を飲んでいたらいいのなら幸福です。ところが、使命が違《ちが》うのでしかたがないのです。

これは、「小乗《しょうじょう》」と「大乗《だいじょう》」の違いでもありましょう。

小乗仏教のほうは、どちらかというと、やはり「自分の悟《さと》り」を求めるものが中心ですから、反省に打ち込んで自分の世界を極《きわ》めていけば、けっこう悟れるという世界です。これはこれなりの幸福感があるのですけれども、それだけでは、やはりすべてではありません。

要するに、自分の幸福ですからね。それは自分の幸福であって、その自分の幸福を得た人が、今度は人にそれを分けてあげようとした段階で、ある意味で〝壊《こわ》れる部分〟があるわけです。他の人たちにそれを伝えて導いているときに、自分一人の世界に籠《こ》もっていられた小さな幸福が、その段階で壊れるわけです。いったん壊れます。その壊れるのが嫌《いや》な方は、どうしても、じっと殻《から》のなかにいたがるし、「壊れた場合にどうなるか」というけれども、壊れても、また頑張《がんば》って立て直さないといけないわけです。そういう難しさのなかで鍛えられていくところがあるわけです。

自分一人の悟りだったら楽です。本当に楽です。

しかし、魂《たましい》の修行《しゅぎょう》という面、大きな意味での幸福感、「今世《こんぜ》、生を享《う》けて生きている」という意味を追究いたしますと、やはり、自分一人だけが悟って幸福になれるだけでは許されません。

というのは、生まれてくる前の世界では幸福な世界にいたに違いないので、そういう悩《なや》みのない世界にいたわけであり、そこから、あえてこの地上を選んで生まれてきたのですから、そこに何か仕事を考えてきているわけです。

そうすると、自分としては、反省などに打ち込んでいるほうがよっぽど幸福なのだけれども、やはり、〝自分の命の一部〟を割《さ》いて、「他人《ひと》様のために努力しなければいけない面」があるのです。これが、そういうことなのです。

「声聞《しょうもん》」「縁覚《えんがく》」の段階から、他人《たにん》を助ける仕事をする「菩薩《ぼさつ》」への道のり

これは、修行の方法で言いますと、例えば幸福の科学の教えみたいなものを読んだり聴《き》いたりして「いいな」と思う人にも幾つかの傾向《けいこう》があります。

みなさんがたのように、講演会場に来て聴いておられるような方は「声聞《しょうもん》」と

いいます。「声を聞く」と書いて「声聞」です。声聞乗《じょう》、声聞衆《しゅう》なのです。

これは正統派なのです。修行者としてはまことに正統派で、この声聞というのは、それを続けていきますと、当然ながら阿羅漢《あらかん》になっていくのです。阿羅漢という段階、境地に入っていって、心が光って、反省ができて後光《ごこう》が出るような段階になっていきます。

それで、阿羅漢までは勉強中心でやっていくわけですが、これからもう一段上の次元を超《こ》えるために、次元の壁《かべ》を超えて菩薩《ぼさつ》になるためには、残念ながら、その境地だけでは駄目《だめ》で、「他人《たにん》を助ける仕事」をしないかぎり、次元の壁を超えられないのです。そして、「他人を助ける仕事」をするときに、自分一人、光が出ていた、この小さな悟りが壊れてくる段階があります。これを乗り越《こ》えなければいけません。これを乗り越えるためにはどうするかというと、力強い悟りが必要になるのです。

すなわち、人と会わないで自分一人でいたときには、乱されない心で、平静な心で楽しめたものが、人と会って乱されてでも、それを取り戻《もど》せるだけの筋肉、筋力が必要になります。そういう鍛えが必要になってくるわけです。こうして菩薩になっていくわけです。

関西にも当会の会員が数多くいるでしょうけれども、同じく真理の縁《えん》に触《ふ》れながら、「正月早々から、そんなセミナーなんかに出られるか」と言う方がいらっしゃいます。今日、本会場に来ていないなかにもいらっしゃるでしょう。

「幸福の科学の教えなんかは、本屋に行けば本が売っているから、本を読めば分かる」、「セミナーを聴かなくても、テープ（CD・DVD）が出たら、それを聴けば分かる」、「テープで聴かなくても、そのうちまた本になるだろうから分かる」、こういう方もいらっしゃいます。あるいは、「月刊誌（月刊「幸福の科学」）を取っていれば、それでもう十分で、月刊誌で読んだら分かる」。

こういうふうに、真理は認めておりながら、悟りは自分で求めればいいという考えの方がいらっしゃいます。こういうものが「声聞」と区別する意味での「縁《えん》覚《がく》」なのです。

縁覚というのは、「縁に覚《おぼ》える」「縁を覚《さと》る」と書きます。ですから、仏縁《ぶつえん》には触れているわけです。そういう意味での縁覚なのですが、声聞のように、「実際に法を聴いて勉強しよう」という気持ちまで行かない、自分で独《ひと》り悟りを求める「縁覚」という境地があります。「辟支仏《びゃくしぶつ》」ともいうことがありますけれども、これはなかなか菩薩にはなれないタイプです。この世的なインテリ層の方々に多いのです。

真理はよく勉強しているし、なかなか分かっているけれども、「信者にはならないよ」と言っている人たちは、こういう縁覚の境地の人であって、残念ながら菩薩までは行けないのです。ですから、今世行けなかったら、また来世《らいせ》に持ち越《こ》しというかたちになります。

その意味で、声聞として現実に教えを学ぶ段階、信者になっていくことは大事なことです。

それから、次には、やはり努力して、人に愛を与《あた》える行動をしなければなりません。その発展の部分も経験しませんと、菩薩の世界には入れないということですから、あなたが「反省だけなら楽だ。発展はちょっと難しい」と言うのは、「菩薩になるのは嫌だ。自分は阿羅漢で止めておきたい」と言っておられることになるので、「それは選択《せんたく》の問題ですから、別に構いませんよ」というだけのことです。

ただ、もう一つ上の次元に行きたかったら、それは、もう一《ひと》努力が必要かもしれませんよということですね。六次元神界《しんかい》（光明界《こうみょうかい》）にも美しい女性は多いのですけれども、七次元菩薩界に行くと、もっと美しい女性がいっぱいいらっしゃいますよ（会場笑）。

5　いつも最悪の事態を考える人へのアドバイス

Q5

未来予知についてお伺《うかが》いします。例えば、現在、苦しみのなかにいて、将来、最悪の事態が起こると予想されるのに、本人は真理に触《ふ》れることすらできないでいる状態だとしたときに、それを周りの力だけで変えていくことは可能でしょうか。また、周りにいる者がその最悪の事態を予想すること自体、その回避《かいひ》から遠のくことになるのでしょうか。

ノストラダムスの新予言セミナー「『ノストラダムスの新予言』講義」
一九八九年四月十六日　千葉県・浦安《うらやす》市文化会館にて

最悪の事態をどう受け入れるか

かなり一般《いっぱん》的な質問なので、ちょっと答えがしにくいかもしれませんけれども、言えることは主に二つあると思います。

第一点は、考え方として、人間は、「いつも、いちばん悪いことを考えているタイプの人」と、「いつも、いちばんいいことを考えているタイプの人」とに分かれるということです。

いちばんいいことを考えている人でも、そのとおりになることもあるけれども、ならないこともよくあります。いちばん悪いことを考えている人だと、そのとおりになることもあるし、ならないこともあるけれども、どちらかというと、やはり、磁石の極みたいなもので、そういう考えを持っていると、そちらに引っ張っていかれる傾向《けいこう》があることだけは事実なのです。

ですから、最悪というものを、あまり想念の段階で固めてしまわないほうがやはりいいと思います。

ただ、「執着《しゅうちゃく》を断《た》つ」という意味では、最悪の事態を受け入れる準備だけはしておく必要があるのです。というのは、「逃《のが》れたい、逃れたい」ともがいていくと、蟻地獄《ありじごく》のように、底のなかに落ち込《こ》んでいくこともあるのですね。

残念ながら、「怖《こわ》さから逃れたい、逃れたい」と思うと、そのなかに入っていくことがあるので、方法論としては、「それを受け入れる準備をしておく」ということも大事なのです。

「最悪の場合、こうだな」ということが分かったら、いちおう受け入れる準備だけしておいて、あとはいいことだけを考えておくという方法論が最適ではないかと思います。

最悪は何でしょうか。人間における最悪のことといったら、あまり種類はないと思うのです。そう多くはないでしょう。考えても、そんなに多くはありません。ですから、あとは、それを受け入れる準備だけはしておくことです。

「受け入れる」というと、最悪ではどうでしょうか。まあ、「死ぬ」、死ぬといっても、死に方もいろいろありましょうが、それにしても、死ぬことは死ぬことです。あとは、経済的危機、体の具合が悪い、周りの環境《かんきょう》が最悪になる、そんなことです。「会社が潰《つぶ》れる」ということもありますが、潰れても、どうなるかといったら、どこかでみんな食っていきます。そういう考えもあります。

「最悪でどうか」ということをいちおう考えてもいいのですが、それを自分なりに受け入れることができる肚《はら》ができたら、あとはもう考えないほうがいいのです。あとは考えないで、いいほうに向かっていくのが筋《すじ》だと思います。

「最悪のことだけ考えておけば安心」という考えの問題点とは

第二点は、失敗体験の多い方はどうしてもなるのですけれども、心の癖《くせ》として、「いちばん悪いことだけを考えておけば安心」などという人がいるのです。「いちばん悪いことさえいつも考えていたら、それより悪くならないので安心」というタイプの人がいるのです。そうしたら、それよりはよくなるだろうからと、いちばん悪いことをいつも考えていくわけです。

「それで底は固まる」と思いきや、こういうように、いつも〝底固め〟をしておくと、残念ながら、その底が、だんだん、だんだん沈《しず》んでいくのです。もっと悪いところの最低が出てくるので、これはやはり、そう思ってはいけないのです。「底は固まっている」と思ってはいけないのであり、「底なし沼《ぬま》ですよ」ということなのです。

ですから、一般的には、「いちばん悪い人生」というのを、あまり底固めはしないほうがいいのです。

先ほど言った部分的な事態に関しては、最悪の事態を受け入れる準備も大事ですが、一般的な心の傾向性として、〝底固め〟というか、いちばん下ばかりは考えないほうがいいのです。そうすると、もっと下がっていきますから。

「最後の日」まで最大限に幸福な生き方を

私が機嫌《きげん》よくやっていられるのも、やはり、上のほうをできるだけ見るようにしているからです。

そういう底のほうばかりを目指す人だと、大変なことになります。こんなに機嫌よく、血色よく、みなさんの前で話はできないのです。「だいぶ死ぬらしい」とか、「沈没《ちんぼつ》するらしい」とか、(ノストラダムスの予言では) いろいろ言っていますが、本気になったら大変なことです。もう気にしないことにしているのです。「すべて神の御心《みこころ》のままに、私たちは自分にできる範囲《はんい》のことをやはりやっていく」。こういうふうに考えているから機嫌よく生きられるので、もし「十年後に命がなくなる」と知ったところで、この十年間を、やはり最大限に幸福に生きるべきだと思うのです。「その十年分の取り越《こ》し苦労をして、今から最悪の事態のなかに置かれる」ということ、これは自分にとってもロスだと思います。

「最後の日」は人には来るかもしれないけれども、その「最後の日」が来るのは神に任すとして、それまでは、できるだけ立派な人生を生きるのが人間の義務だと私は思います。そういう割り切り方をされたらいいのではないでしょうか。

だから、まあ、考え方しだいですから、幸福を最大限に伸《の》ばす考え方をしていかれたらいいと思います。

言えることは、そういうことです。

質問も一般的ですから、答えも一般的になりました。「個人相談」があるのかもしれませんけれども、こういう場ですから、そのへんで抑《おさ》えさせていただければと思います。

第2章

豊かさをつかむための仕事・経営のポイント

1 就職への熱意が湧《わ》かない学生へのアドバイス

Q1

私は今、大学四年生で、もう就職が迫《せま》ってきているのですが、「心の世界」のほうを向いていて、どうも就職活動のほうへ熱意が向かないというのが現状です。自分に向いている職業は何かと考えても、心のうずきを取ったら、あとは空《から》っぽになってしまって分からないので、その点について、ご指導いただけたら幸いです。

一九八七年 五月研修

一九八七年五月四日 滋賀《しが》県・琵琶湖《びわこ》健康療養《りょうよう》センターにて

心の世界を求める人が職業を持つことの意味とは

真理に触《ふ》れると、働いているのがバカらしくなることもけっこうあるのですね。そういう方は多いのではないでしょうか。

サラリーマンの世界などというのは、かなり建前の世界でして、これは虚《むな》しいものです。本音の話ができないのですから。

仕事では、営業とか、ああいう交渉事《こうしょうごと》の仕事をしていても、会ったらゴルフの話ばかりしていて、「おたくは幾《いく》つですか」「十七です」「ああ、そうですか。すごいですね」「それで、おたくは?」「いや、五ですけどね」とかやっているわけです。

交渉事といっても、「一時間、交渉する」といって、コーヒーを飲みながら話をしていて、実際は、ゴルフの話を五十五分して、そのあと、「お天気がいいようですが、まあ、ひとつよろしく」と挨拶《あいさつ》して帰ると。まあ、こうして時間を無《む》駄《だ》に使っているのです。そういう仕事をしています。このなかにも、心当たりのある人はいっぱいいいるでしょう。

最初からいきなり用件を切り出したら、「おまえはバカか。日本の風土を知らんな。まず、ゴルフの話をするか、お天気の話をするか、選挙の話をするか何かしなさい」と言われます。そこで、「私の最近、読んでいる本は……」と言うと、「ああ、インテリだな。商売はやらねえ」とか、それはあります。難しいところです。

だから、本当に心の世界を求めている人が職業を持ってやっていくには、それは虚しい部分はずいぶんあると思うのですね。

そうではあるけれども、いきなり「心の世界」だけで済むかどうか。「(人間の魂《たましい》は)霊性《れいせい》を磨《みが》くために、(あの世から)物質世界に降りてくる」ということを説いていますけれども、この物質世界のなかで霊性を磨くためには、この物質世界的ななかで、ある程度、修行《しゅぎょう》することもまた大事なのです。そのなかで、いろいろな人間の姿を見ることによって、また悟《さと》っていくことはできるのです。

私の場合は、会社を辞《や》めるまでに、やはり、こういうことをしながら、六年間ぐらい重なっている部分がありました。その間は、ずいぶんつらかったようにも思いましたけれども、やはり準備時期だと思いました。

「祈《いの》り」は、私にもありました。「早く、こういう道に入《い》らせてほしい」と。「高級霊たちの言葉を聴《き》きながら、なぜ、私はこんなことをやっていなければいけないのだ」と思いました。

けれども、それは時期がまだ来ていないのです。

それは、時期が来るまでは修行だと思って、現在の場で最善の自分を発揮しないといけないのです。

これは、ある霊人《れいじん》も「現在がユートピアでなくて、よそへ行けばユートピアになるなんて、そんなことはない」と言っていました。

だから、学生さんなら、「俺《おれ》は、勉強は全然やる気がないし、面白《おもしろ》くもないけど、仕事ならバリバリできる」などと思っている人がいたら、とんでもない間違《まちが》いです。勉強でやる気のないような学生さんは、やはり仕事もやる気ないのです。はっきり言って、無理です。

「仕事で、人間関係はドロドロで、悪くて悪くて最悪で、もうどうにもならない」というような人が、では、当会に来て、心の教えを説けるかといったら、説けやしないのです。ほかの人の考えていることが分からないのだから、無理です。

だから、みなさん、別な環境《かんきょう》に移ったら、自分が「理想的な自分」になれるかというと、そんなことはないのです。

たまたま現在ある環境は、それが何かの魂修行の意味があって、そういうところを与《あた》えられているのだから、そこで光り出すように、自分の光が出るように、最大限、修行をしていると、その魂の修行が終わったら、次の段階として、次の環境が現れてくるのです。もうそこはそれほど光らせるような環境ではないということになったら、次の局面が出てくるのです。

それは、任せなければいけない。時期が来ていないということは、「そこでまだ修行が足りていない」ということです。

その環境で、ほかの人だったら何ができるか。自分だから、そういうふうに軋《あつ》轢《れき》をつくっているだけで、自分ではない人がいたら、つくっていないかも分からないのです。そうでしょう。

「俺の職場は、ものすごくひどい。周りはひどい人間ばかりで、全然、合わない。話が合わない」と言うけれども、それは、あなただからそうであって、違う人がいたら違うかも分からないですよ。

だから、ほかの人だったらうまくいくのに、あなただとうまくいかないなら、それは本当に職場が悪いのか、あなたが悪いのか、ここは、やはり、じっくり考えなければいけない。こういうところがあるわけですね。

そういうふうに、職業もみんな魂の糧《かて》になるのです。これは大事な糧です。

商社マン時代の経験が幸福の科学の発展にも生きている

私がなぜ（商社マン時代に）外国為替《かわせ》をやらなければいけなかったのか。

私は当時、会社の資金のコントロールなどもやっていましたけれども、六百億円ぐらい動かすことを任されていました。右から左に六百億円ぐらいやらせてくれたんです。

若かったけれども、「まあ、いっちょ、やってみろ」というので、かなりやらされていて、動かしていました。

例えば、三カ月後の資金の予想ということで、「マネーフロー」といいますけれども、会社には資金計画というものがあるのです。資金計画というものがあって、だいたい、向こう三カ月ぐらいの入金状況《じょうきょう》を見なければいけない。それから、払《はら》いのほうも、支払いがどのくらい出るか、それを見なければいけないのです。そして、入金・出金を見て、バランスを見て、お金が要《い》るか要らないかを見て、お金が足りないのなら、これは銀行から借りなければいけないのです。

ところが、予想以外に入金があって、要らない金なら、銀行から借りたら金利を払わなければいけないから損をしてしまいます。

このへんで、非常に機密な予算とか、そういう財務のほうのいろいろな計画があるわけですが、こういうことが何に役に立っているか。幸福の科学をやり始めて思うと、一つあったのです。

この前、小冊子を印刷しました。講演会で売った、いろいろな小冊子がありますが、印刷代が三百四十万円かかったのです。

それで、事務局が一括《いっかつ》払いをしようとしていたけれども、一括払いをしたらゼロになるのです。ゼロとか、マイナスですね。幸福の科学の会計がマイナス二百万円ぐらいになるのです。

彼らはすぐ払いたがるので、「待て。私の知識によると、これは延払《のべばらい》だ。四月には入金がある。会費が入ってくるから、三月八日の講演会のときで、全額払っては相成《あいな》らん。だから、『頭金をこれだけ払って、あとは何月にこれだけ払う』と、印刷屋と交渉しろ」と言うと、「そうですか。そんなものなんですか。待ってくれるのですか」と言っていました。

「いや、そこが腕《うで》の見せどころで、できるだけ払いをあとに延《の》ばせ。その分、金利も浮《う》く」とか（笑）、まあ、これは冗談《じょうだん》ですけれども、こういうことを言うと、「ああ、そんなものですか」と言って、やっていました。

事務局は、銀行に貯金が百万円や二百万円しかなくても、三百五十万円ぐらい平気で払おうとしますからね。どこからその金を集めてくるのでしょうか。寄付でも集めて回るつもりでいるのでしょうか。

ただ、私はこういうことを知っているから、それでもパッと対応がつきます。そういうふうに、何かは役に立たないわけではないのです。

そういうふうに会社の資金コントロールをやっていましたから、やはり、幸福の科学を赤字にしないで、均衡《きんこう》経営だけは達成しなければいけないと、私は思っているのです。これは私の義務だと思うのです。（一年目の話である）

赤字を出して、借金をしたり、事務局の人が物乞《ものご》いをして回るようなことだけは絶対にしてはいけない。大金《おおがね》は儲《もう》けなくてもいいけれども、均衡経営はやらなければいけない。これは、これからの真理の伝道者の義務でもあると考えているのです。

ただ、これを何にも知らないで出家《しゅっけ》して、お経《きょう》だけをあげている人が、例えば主宰者《しゅさいしゃ》をすると、今言ったようなことをやるのです。「何を言っているんだ。借りがあるのだから、すぐに払わねばならん。三百五十万、耳を揃《そろ》えてパッと払わなければいけない」と言うけれども、払おうと思って数えてみたら金がない。「困ったあ。どこに頼《たの》みに行くか。会員で金を持っていそうな人を探してみて、訊《き》かなければいけない」と、こうなるのです。つまらないところで悩《なや》みをつくってしまうわけですね。

だから、「現実を知る」ということも、現代的な真理の伝道では大事なことです。

また、現代人たちの悩み、苦しみを知らずして、絶対に、心の問題は解けないのです。

結局、私があなた（質問者）に言いたいことは、「まだ早いのではないでしょうか」ということです。

学生の立場ではまだ分からない「仕事で得られるもの」

「仕事」と言われても、学生さんだと分からないでしょう？　ぼんやりするけれども、「仕事って、どんなものかな。朝の九時から夜の五時まで、八時、九時まで、あるいは夜中まで、どんな仕事をしているんだろうか」というように、分からないでしょう？

分からないままですると、十年たっても、二十年たっても、ぼんやりしていて、分からないのです。分からないのです。〝お坊《ぼう》さん〟だけやっていると、これは分からないですよ。

ただ、サラリーマン経験をしていると、みなさんが職場の話をすれば、自分はそういう仕事しかしていないけれども、例えば商社なら商社でやっていても、銀行だとか、メーカーだとか、役所でも、ほかの職場で仕事はどうしているかというのがだいたい分かるのです。感じがだいたい分かる。その特色によって推測がつくのです。そうしたら、「たぶん、こういう悩みが出るだろう」というのが分かるのです。だから、相談もできるのです。知らないと、やはり駄目です。「それはね、心です。心を大切にして、人間関係を磨きなさい」と言っても、それをどうするかが問題なのですから。実際、上司でどんな人がいるか、部下でどんな人がいるか、同僚《どうりょう》でどんな人がいるか、知っていると知らないとでは大違いです。

だから、修行の場は、別に研修会だけにあるわけではないのです。だから、就職をお勧《すす》めします。

自分で働いてお金を儲けるということは大事なことですよ。お金だって、「悪」だと思ってはいけません。やはり、働いて、最初に給料が入ったときというのはうれしいものです。自分で稼《かせ》げば、ご両親が出してくれたお金の意味が分かります。

しかし、自分で稼がないで、「心、心」と言って、心ばかり追いかけている人は、お金のありがたみが分かりません。

だから、大事なことですから。心の世界にはいつでも入れるから、もっと人生経験を豊かにする方向でやってみてください。

2 仕事に「意義」と「やりがい」を見いだすための考え方

Q2 「中小企業《きぎょう》は、経営者の限界がそこでの天井《てんじょう》になる」というように教えていただいたのですけれども、経営者ではなく、働いている者が、その店の発展・繁栄《はんえい》を担《にな》っていくには、どのようにすればよいでしょうか。

全国発展・繁栄研修会
一九九二年一月二十六日 静岡《しずおか》県・浜名湖《はまなこ》ロイヤルホテルにて

組織の「上の人」「下の人」それぞれにとって大切な修行《しゅぎょう》とは

中小企業と言わず、大企業でも「経営者の限界が組織の限界になる」のはもちろん一緒《いっしょ》です。

また、限界ということでは、その下に有能な人がいても、その人を使えなかったら、結局、いてもいなくても一緒でしょう。将棋《しょうぎ》だって、駒《こま》をいっぱい持っていても、使えなかったら持ち駒だけあっても一緒でしょう。これは、「上の人に使う能力がなかったら、いくら部下に優秀《ゆうしゅう》な人がいても、なかなかよい仕事はできない」ということを言っているのです。

だいたい、経営者というのはいつも失敗の言い訳を探しますから、「言い訳は許さない。自己責任であると受け止めよ」ということが大事なのです。

それで、内部にいる人、社員のほうから見たらどうかということですが、「経営者一人の責任だから、俺《おれ》たちには関係ない」と言えば、それは何の修行《しゅぎょう》にもなっていないのです。それは、もちろん何の修行にもなっていないので、逆のほう、社員の側からいきますと、「自分より上にいる人の心を忖度《そんたく》して、やる」ということ、これが修行としては大事なことです。

「自分は、たまたま今、経理員」、あるいは「自分は、たまたま今、販売《はんばい》セールスの人間」だとしても、自分のことだけを考えずに、上の人間、部長でもいいし社長でももちろんいいのですけれども、その人の心を、やはり忖度、推《お》し量《はか》ることです。「社長ならこうしたいだろうな」「部長なら、たぶんこうしたいだろうな」という気持ちを推し量って、その気持ちのままにやることです。

そうすると、部長は、本来、自分がしたいのにできないから、あなたならあなたに頼《たの》んでいるのですが、自分がやりたいのと同じように、あなたがやってくれるわけですから、これは〝自分が増えた〟のと一緒でしょう。だから、うれしい。これ以上うれしいことはありません。

ですから、上の人に対しては、「あなたの能力が限界になるんですよ」ということを言うけれども、下の人に対しては、「あなたが上の人を助けないから、会社が駄目《だめ》になるんですよ」ということに、もちろんなるわけです。なかで働く人にとっては、自分だけのことを考えずに、やはり、「自分の上司の気持ちを推し量って、やる」「社長の気持ちを推し量って、やる」、それが大事なことなのです。

「縁《えん》あって勤めている会社」をどう見るか

それともう一つは、自分が勤めておられるところには、みなさん、いろいろと不満もあろうと思うのです。特に、中小とか零細《れいさい》企業になりますと、「待遇《たいぐう》が悪い」とか、「給料が悪い」とか、「みっともない」とか、「工場がボロだ」とか、「近所の評判が悪い」とか、「嫁入《よめい》り条件が悪くなる」とか、いろいろなマイナスハンディは勤め先にいくらでもあるのです。

ただ、そこで他人《ひと》様に会って自分の会社の悪口を言っているような人間が出世することもなければ、そういう人間を雇《やと》っている会社が発展することもない、ということを知っていただきたいのです。

どんなオンボロ会社であろうとも、そこに入って働いて給料をもらっている以上、「この会社がよくならなければ自分の発展もないんだ」ということを思わなければいけないし、自分としては不満があるかもしれないけれども、それをグッとこらえて、「自分の会社というのは、いい会社なんだ」「少なくとも、よくしていこうと思っている会社なんだ」ということを常々言い聞かせて、家族にも両親にも友人にも、「素晴《すば》らしい会社なんだ、私が勤めているところは」と言うことなのです。

そうしたら、ご両親も喜んでくれるし、友人も奥《おく》さんも旦那《だんな》さんも子供さんも、みんな誇《ほこ》りを持ってくれて喜んでくれるのです。ところが、「お母さんが勤めている会社は、本当にいつ潰《つぶ》れるか分からないようなボロ会社なのよ」と、いつも言っていたら、子供も本当に元気がなくなります。

たとえ、本当に潰れそうな会社であろうとも、「お母さんの会社はいい会社なのよ。素晴らしい人ばかりでいっぱいなのよ」「みんなで頑張《がんば》っているのよ」と言うと、子供もそれを聞いて、「ああ、素晴らしいところに、お母さんは勤めているんだな。僕《ぼく》も大人になったら頑張ろう」と、こう思います。善の循環《じゅんかん》が始まるのです。

「お母さんの会社なんか、もうすぐ潰れるわよ。私もいつクビになるか分からないわよ」と言ったら、子供も勉強どころではないですね。「明日《あした》から新聞配達をしなくてはいけないかもしれない」とか、いろいろ考えますから、それどころではないのです。

ですから、やはり、自分が今、縁《えん》があって職を得ているところについては、「たとえ、一年後、五年後にそこを辞《や》めることがあるかもしれないけれども、辞める日まではその会社と一心同体《いっしんどうたい》になってやる」、そういう気持ちでやらなければば駄目です。

特に、将来、そこを辞めるような会社であればあるほど、あなたが一生懸命《いっしょうけんめい》にやって遺《のこ》したものというのは徳として遺るし、去っていくときにも、多くの人たちから感謝してもらえるし、自分も気持ちがいいのです。砂をかけて去るような去り方をしますと、何もよくありません。

ですから、本当につまらないと思う会社であっても、「だからこそ、私のやりがいがあるんだ。私がやらなければいけないんだ」という気持ちを持つことです。

以上、二点述べました。

「上司なり社長なりの心を推し量って、その気持ちになって、やる」ということが一つ。

それから、自分が縁あって勤めを得ているところ、あるいは、収入を得ているところについて、悪口とか、それを卑下《ひげ》するようなことは絶対に言わずに、「素晴らしいところに勤めているんだ」ということをいつも言って、自分もそれに納《なっ》得《とく》して、「自分もそれに責任を負っているんだ」と思うことです。

この二つが非常に大事だと思います。

3　同族経営で「泣いて馬謖《ばしょく》を斬《き》る」ときに必要な心の持ち方

Q3　大川先生は「愛の発展段階説」として、愛する愛、生かす愛、許す愛、存在の愛ということを説いておられます。私はいわゆる同族経営の小さな企業《きぎょう》を営《いとな》んでおりますけれども、与《あた》える愛を実践《じっせん》しているなかで、「泣いて馬謖《ばしょく》を斬《き》る」というような選択《せんたく》をしなければいけない岐路《きろ》に立たされる場合に、何を優先して、どの段階のものを取るべきでしょうか。

また、人を裁く傾向《けいこう》があり、あとで、「これは自己保存から発するものではないか」と思い、非常に苦しみ悩《なや》むことがありますが、どのように考えたらよいでしょうか。

一九九〇年 第二回大講演会「光ある時を生きよ」
一九九〇年三月二十五日　熊本《くまもと》県・熊本市総合体育館にて

リーダーが「適材適所《てきざいてきしょ》」を実践するために

まさしく、あなたの今置かれている立場が、「生かす愛とは何か」を学ばされている状況《じょうきょう》にあるということです。

「与える愛」といって、「すべての人に愛を与える」という状況、これがスタート点にあるわけだけれども、リーダーになってきますと、難しい面が出てくるのです。それがまさしく今のあなたの立場です。「経営」という立場が出てくるのです。経営になりますと、非常に難しいのです。

いろいろな方が会社のなかにいらっしゃるわけです。そして、それぞれの人が幸福を求めておられるわけです。そうしたら、みんな給料を上げてほしいだろうし、みんな偉《えら》くなりたいだろうし、そういう気持ちはありますよね。

ところが、あなたはそのなかで選択をしなければいけない。Aさんを取れば、Bさんは取れないわけです。Aさんを出世させれば、Bさんはそこまで行けない。こういうことになる。ボーナスも、ある人が上がれば、ほかの人はそれほどまで行かないところがある。

こういうことで悩むわけだけれども、これが、やはり、真理を学んだ者にとっても最初の関門と言ってもよいでしょう。「愛ということが感覚的にのみ分かっているのか。それとも実践のレベルで分かっているのか」の違《ちが》いが、ここで来るのです。口だけで「愛」と言うことは簡単だけれども、「応用問題が出てきたら、では、どういうふうにするのか」ということがあるわけですね。

そこで、そのときに考えねばならないことは何でしょうか。

今やっていること、そのリーダーとしての仕事は、できたら、それに追随《ついずい》してくる人たち、すべての人がよくなっていく方向で選ばねばならないわけですが、それぞれの人、あなたに続く人たちには、あなたほどの認識力が現時点ではないわけです。

彼らは彼らで、個人個人は自由意志を持って、「こうやりたい」「ああやりたい」と思っているけれども、「一段高い人から見たら、こういうふうにすべきである」ということがあるならば、それにやはり従うことが、究極においては彼らの幸福になるのです。「現時点でその人がやりたいとおり」がいいわけではありません。そういうことが大事なのです。

これは「適材適所《てきざいてきしょ》」という言葉で言われていることなのです。

例えば、すべての人が社長になったら、うまくいくかといえば、ならないのです。社長の適性を持っている人は、やはり少ないのです。数少ないのです。そうでない人がその立場に立ったら、どうなるかというと、その人自身が苦しいでしょう。その立場になると、その人自身を〝殺して〟しまうのです。

そして、その人が経営している会社の従業員たちはどうなるかといったら、大変です。非常に危険な目に遭《あ》うわけです。

そうすると、やはり適材の方が社長になるべきであるのです。その人が社長になるということは、そうではない人はなれないわけですが、「それを知る」ということも今世《こんぜ》の魂《たましい》の修行《しゅぎょう》であるのです。「自分は仕事の面においては社長になれない器《うつわ》である」ということを知ることも大事なのです。そして、それを知ることによって自己反省が進むのです。

例えば、「仕事の面で自分が認められないのは、どういう理由によるのだろうか」と考えます。そうすると、「こういうところが自分には足りない。なるほど。それは納得《なっとく》がいく」となります。だから、そこを変えていきたいなら変えていきたいし、変えられない場合、それはどうなるか。それは「足ることを知る」の世界でしょう。

やはり、自分の置かれた立場に満足しなければ駄目《だめ》です。そして、それ以外の世界において自己実現できることがあれば、そこで自分を伸《の》ばしていくことが、非常に大事なことであるのです。「決して、各人の欲望を全部叶《かな》えてやることが愛ではない」ということです。その〝交通整理〟は大事です。

信号でも一緒《いっしょ》でしょう。各人の思いどおりだったら、交差点でも突《つ》っ走りたいですよね。ほかの車はどうであっても走りたいけれども、実際にはそうはいかないので、信号があって交通整理をするわけです。それと同じようなものなのです。

人間社会が複雑になってきていますから、すべての人が生きやすくなるためには秩序《ちつじょ》が必要です。秩序をつくるために必要な考え方が、そういう〝交通整理の考え方〟であるのです。まあ、そういうことです。

ですから、あなたは弱気になってはいけません。やはり、そうなるべき人を

「なるべき人」としての扱《あつか》いをしなければならないのです。

停滞《ていたい》していたイギリス経済を再生させたサッチャーの考え方とは

例えば、話のレベルは大きくなりますけれども、イギリス経済は、「英国病」といわれて久しかったですね。もう働く気力がなくなり、経済は停滞《ていたい》し、かつての大英帝国《ていこく》の面影《おもかげ》もなくなってきていたのですが、それを、サッチャーという人が出てきて、十年でずいぶん変えました。

彼女が変えたことはいったい何であるかというと、ごく基本的なポリシーなのです。それは、「働かざる者、食うべからず」という考えであったのです。

しかし、「働かざる者が食べて当然だ。要求して当然だ」という風潮がイギリスにあったのです。イギリスをはじめ、北欧《ほくおう》全部がそうですけれども、「福祉《ふくし》国家」になってきた。福祉は人類の理想であった。しかし、福祉が行きすぎたとき、どうなるかというと、働かない人がたくさん出てきたわけです。

働かないでも物が手に入る。お金が手に入る。こうなると人は怠《なま》け始めます。人を怠けさせることが本当に愛だろうか。そうではないですね。「働かざる者、食うべからず」と言うと、厳しさはあるけれども、そのほうがいいのです。それで彼女はやりました。

そのあとはどうかというと、最初は評判がものすごく悪かったのです。サッチャー経済が始まって、一、二年後、イギリスのエコノミスト三百数十人は、「サッチャーの経済政策は間違いだ」という声明文を、連名で載《の》せました。三百数十人のエコノミストが、「サッチャーの考えでやったら、イギリスは潰《つぶ》れてしまう」と連名で載せたのです。

ところが、結果としては、十年後、サッチャーの考えは正しかったことが証明されたのです。

それは、「勤勉に働く者に多く収入があるべきで、そうした強い者、実際によく働く者が潤《うるお》う社会をつくらなければならない。強い者が出てこないと、弱い者を誰《だれ》がいったい保護するのだ」ということです。「みんなが弱者になったら、誰も救えないではないか。だから、そういう企業精神を持って頑張《がんば》る人たちは、どんどん頑張ってもよい。だからこそ、弱い人たちも救われるのだ」という考えに切り替《か》えていきました。

実際には、それで国全体が上がってきたのです。レベルアップして、あちこちで建設は進み、雇用《こよう》は増え、そして活気が出てきています。この考え方が正しかったわけです。

それと同じようなことがあるのです。ですから、「愛と思われる言葉が甘《あま》やかしになってしまっては駄目だ」ということです。私たちは、この地上で、やはり、「勤勉に働き、そして認められていく道」を選ぶべきであって、「何もしなくて、人からの同情を当てにして生きるような生き方」をしていいわけではないのです。

ですから、社員にしても、働かないけれども、「あいつが認められて自分は認められないのは納得できない」と言う人がいたら、その意見をきくことは、愛ではないのです。それは、その人に対する甘やかしなのです。

やはり、よく働く人、立派な仕事をする人を選んでいくべきであって、仕事をしない人は、その原因・結果は個人のものなのですから、自分自身でよく受け止めて頑張らなければいけないのです。

だから、〝甘やかし〟を愛と思ってはいけません。「愛のなかには厳しい面もあるが、その厳しさは、人を裁く厳しさではなくて、人を〝育てる〟ための厳しさである」ということを知らなくてはなりません。

この話をどうかよく理解して、今後の経営に役立ててください。

4 経営危機への心構えと対処法

Q4 天変地異などが起きたときには、私たち経済人のなかからも経営危機に陥《おちい》る方が出てくると思われますが、その場合の心構えと対処の仕方につきましてご教示いただきたいと思います。

全国発展・繁栄《はんえい》研修会
一九九二年一月二十六日　静岡《しずおか》県・浜名湖《はまなこ》ロイヤルホテルにて

不況《ふきょう》をチャンスに変える「常勝《じょうしょう》思考の経営」とは

経営危機に遭《あ》わないような経済人をつくるのが、この研修の目的なのですけれども、確かに、厳しい環境《かんきょう》が出てくれば、潰《つぶ》れるところももちろん出てきます。

しかし、逆の考えもあります。「不況《ふきょう》だから、今、商売がうまくいかない」というように、不況だからという説明をする方がずいぶんいるのですけれども、本当に強い企業《きぎょう》は、不況のときに強いのです。ここに差が出るのです。

好況のときは、どこだってうまくいきます。どんな商売、ずさんな商売をやっても、うまくいってしまうのです。広告を打たなくても、ものが売れる。打っても売れる。どちらもあるのです。ところが、不況になってくると、いろいろなところで冷え込《こ》んできますから、無駄金《むだがね》が使えないし、体質として〝贅肉《ぜいにく》があるところ〟と〝そうでないところ〟とがはっきり出てくるのです。

好況だったら、経営能力のよし悪《あ》しはあまり分かりません。本当にあまり分からないのです。差がつくのは、本当に不況のときなのです。ここで経営能力があるかないかに差がつくので、不況のときに強い企業は、もう好況になったらさらに最強になっていくのです。

ですから、不況のときとか、世界的な危機とか、いろいろな環境情勢が悪くなって経営が難しいというときに本当に強くしたら、それから先の威力《いりょく》はもう抜群《ばつぐん》なのです。

要は、心構え一つなのです。環境が悪くなって、あるいは情勢が悪くなって、「不況だから、もうこれは駄目だ」というように、だいたい企業の経営者はみんな、軒並《のきな》みそういうふうに考えるのだけれども、不況が来たら「チャンスだ」と思わなければいけないのです。ここで徹底《てってい》的に体質を強化しておこうと考えて、不況のなかでも伸《の》ばせる企業をつくることに専念しますと、少々のことがあっても潰れないようなすごい会社ができるのです。

そのくらいの会社になる確率がどの程度あるかといいますと、努力すれば、やはり十社のうち三社、四社ぐらいは、不況でも強い体質につくっていくことは可能です。

まず、それを思うこと、考えることから始めれば、「不況だからもう駄目だ」と言っているような人を尻目《しりめ》にして、堅調《けんちょう》な経済発展を遂《と》げられます。本当に急発展していったようなところというのは、不況期に強いのです。

だから、贅肉ばかりにしないで、要するに、「常勝思考的《じょうしょう》な経営」ですね、「常勝思考の経営」で、好調のときは謙虚《けんきょ》にそのなかから成功の原因を探《さぐ》り、不調のときにはそのなかに何か鍵《かぎ》がないかということを一生懸命《いっしょうけんめい》に探れば、大丈夫《だいじょうぶ》です。真面目《まじめ》な努力をしているところはそんなに数多くなく、みんな世の流れに流されてしまうので、取り立ててそんなに心配する必要はありません。

どんな不況のときでも、元気いっぱいやっているところは必ずあります。そうした企業になろうとすればいいのです。日本全国に会社と名の付くところは約二百万社（説法《せっぽう》当時）あり、そのほとんどが赤字会社だそうですけれども、ここ（研修会）に来られた数百人の方のところが好調企業になったとしても、別に困ることはまったくないのです。もちろん、その可能性が非常に強いのです。

不況を脱出《だっしゅつ》するための三つの戦略

不況のときは、とにかく、経営の体質の甘《あま》いところ、贅肉をどんどん削《そ》いで、まず考えるべきなのは、「収益のいちばん高いものは何なのか」ということです。これがいちばん大事なのです。

自分のところの仕事のなかで収益率のいちばん高いものはいったい何なのか、まずこれをピックアップすることが大事です。そして、「収益のいちばん高いところを伸ばしていく」というのが、これが最大の不況脱出法《だっしゅつほう》です。いちばん高いものを伸ばしていく。そして、採算の悪い部分は、もちろん少々縮小しなければいけないでしょうが、とにかく、収益率の高いものを伸ばすというのがいちばんの戦略です。

それから、「需要《じゅよう》の発見と創造」といいますけれども、常にお客様中心であることです。

好況であろうが不況であろうが、お客様自体がいなくなるわけではありません。少々、財布《さいふ》の紐《ひも》が固くなるとか固くならないとか、その程度で、お客様はいることはいるのですから、需要というのはいつもあるわけです。その「お客様中心」の考え方を、不況のときこそ基礎《きそ》に据《す》えるのです。

好調のときは、お客様のことを考えなくても、もう売り手市場でいくらでも売れます。しかし、不況、あるいは苦しいときになりますと、本当にお客様というのが大事になります。お客様を大事にしていた企業は生き残れるが、そうではなくてブームだけでやっていた企業は、そこで倒《たお》れるのです。そういう、業界が好調だからやっていただけのところはそこで潰れて、お客様、顧客《こきゃく》を中心にやっていたところは潰れないで乗り切れるのです。

このように、「収益の高いところを伸ばしていく」というのが一つ。それから、「顧客中心主義」というのがもう一つ。

もう一つは、「リーダーシップの取り方」として、トップが環境の激変に迅速《じんそく》についていけるだけの舵取《かじと》りをすることです。

勇猛果敢《ゆうもうかかん》な舵取りをし、〝のったりのったり〟やっていたら駄目です。やはり、環境の変化に俊敏《しゅんびん》に対応していくだけの舵取りをやること。これが非常に大事なことではないかと思います。

不況に備え、好調のときにしておくべきこと

それと、海外でも経済が悪くて、国内でも倒産《とうさん》が出てくるようなことになりますと、自分の取引先の構成というのをよく見る必要があります。それが、いわゆる一定のところに偏《かたよ》りすぎている場合には、潰れる可能性が非常に強いのです。

例えば、自分の取引先を見ると、一社だけで六十パーセントのシェアがあるというような、こういうところを持っていますと、いちばん最初に整理されることが多いのです。一社だけにものすごいシェアがあって、そこにおんぶに抱《だ》っこでやっている企業です。不況になりますと、こういうところからまず切られていくのです。

ですから、好調のうちに分散をしていく必要があります。最大の取引先でも、自分のところの取引高の三十パーセントぐらいまでに止めておかないといけません。あまりシェアが高すぎますと、調子のいいときにはそれで食べていけますけれども、悪くなったときにいちばん先に潰れるのは、そういう企業なのです。

ですから、できればマックス三十パーセントぐらいまでの取引にして、三つぐらいのところには取引先を分散しておきたい。好調のときに、取引先を多少増やしておいてパイプを太くしておく、分散しておく必要があります。

一つのパイプだと、これが切れたらそれが最後になります。特に、中小企業で、親会社とか、そういう系列があってね、上にもっと大きい会社があってその下請《したう》けをやっているところは、不況期になるといちばん最初に切られていきますから、いわゆる「ここの下請けオンリー」というような企業はいちばん最初に危なくなるのです。

やはり、好調のときに、生き抜《ぬ》ける道を探しておくことです。模索《もさく》しておくことです。完全な一社依存《いぞん》型だけはやめておくことです。

それと、一つの業界だけでやりますと、好況・不況の波をまともに食《く》らってしまいますので、ちょっと違《ちが》う業種、業界のところの商品あるいは仕事も、少し増やすように努力をしておく必要があります。業界が違いますと、一つのところが不況でもほかのところは大丈夫なことがあるのですが、ワンパターンでそこだけの商売をやっていますと、そこが駄目になった場合、本当に潰れてしまいます。

ですから、少し早めに手を打って、異業種に参入する努力をしておくことです。

今述べたように、一社だけに偏りすぎないこと。できれば異業種のほうにも少し参入して、いざというときには、そちらのほうに切り替《か》えていける工夫《くふう》をしておきますと、少々の波風が来ても生き残れるようになります。

短い時間で答えるとしたら、以上のようなことになります。

5　起業を志す人へのメッセージ

Q5　幸福の科学の仲間たちと、真理に基《もと》づいた仕事を始めようと話し合っていて、地域の小さな企業《きぎょう》の広告を集めて、一つの大きな広告として出すという仕事を考えています。ただ、メンバーの考え方もいろいろ違《ちが》うため、なかなか前に進みません。真理に基づいた仕事をしていく上で、どのようなことに気をつけてやっていけばいいのか、アドバイスをお願いいたします。

第二回講師登用研修「信仰《しんこう》と情熱」
一九九〇年九月十五日　静岡《しずおか》県・富士箱根《ふじはこね》ランドにて

郵便はがき

料金受取人払郵便

赤坂局
承認

9654

差出有効期間
2023年3月
9日まで
(切手不要)

1 0 7 - 8 7 9 0

112

東京都港区赤坂2丁目10－8
幸福の科学出版（株）
愛読者アンケート係 行

ご購読ありがとうございました。
お手数ですが、今回ご購読いただいた書籍名をご記入ください。

書籍名

フリガナ お名前	男・女	歳
ご住所 〒 都道府県		
お電話（ ）―		
ご職業 ①会社員 ②会社役員 ③経営者 ④公務員 ⑤教員・研究者 ⑥自営業 ⑦主婦 ⑧学生 ⑨パート・アルバイト ⑩他（ ）		
弊社の新刊案内メールなどをお送りしてもよろしいですか？（はい・いいえ）		
e-mail アドレス		

愛読者プレゼント☆アンケート

ご購読ありがとうございました。
今後の参考とさせていただきますので、下記の質問にお答えください。
抽選で幸福の科学出版の書籍・雑誌をプレゼント致します。
(発表は発送をもってかえさせていただきます)

1 本書をどのようにお知りになりましたか？

① 新聞広告を見て ［新聞名： ］
② ネット広告を見て［ウェブサイト名： ］
③ 書店で見て ④ ネット書店で見て ⑤ 幸福の科学出版のウェブサイト
⑥ 人に勧められて ⑦ 幸福の科学の小冊子 ⑧ 月刊「ザ・リバティ」
⑨ 月刊「アー・ユー・ハッピー？」 ⑩ ラジオ番組「天使のモーニングコール」
⑪ その他（ ）

2 本書をお読みになったご感想をお書きください。

3 今後読みたいテーマなどがありましたら、お書きください。

ご感想を匿名にて広告等に掲載させていただくことがございます。ご記入いただきました個人情報については、同意なく他の目的で使用することはございません。

ご協力ありがとうございました！

仕事は理想だけではいかない面がある

分かりました。二つに分解して考えてください。

一つは、修行者《しゅぎょうしゃ》としてのあなたには修行者としての道があるので、幸福の科学の講師を目指していかれるのでしょうから、それはそれで割り切って、まったく純粋《じゅんすい》な気持ちでやってください。

一方、仕事面では生活がかかってくるわけですから、そこは違った面が必ず出てきます。あなたがたの理想だけではいかない面が出てきます。

具体的には、採算が取れなければやっていけなくなります。これは確実なことなのです。これもまた、この世的なる法則であります。それもまた、神の容認しておられる法則でもあるわけです。

この世のなかで、そうした企業の切磋琢磨《せっさたくま》があって、そして、世の人々の需要《じゅよう》を受け止めることができなければ、それを続けていくことができない。

このために、また知恵《ちえ》が必要です。運営面での知恵が必要であり、こうしたところは、今あなたが学んでいる真理とは違ったふうに感じられるかもしれませんが、気をつけねばいけないことは、素朴《そぼく》に真理の学習をしていますと、「信じていれば、すべてうまくいく」というふうなことを考えがちであるということです。

しかし、大事なことは、足腰《あしこし》が強くなければ駄目《だめ》だということです。

現実に対しては甘《あま》く見てはなりません。現実を甘く見て、夢想《むそう》的に考えていると、その現実が崩《くず》れていったときに、理想の部分も揺《ゆ》さぶられ、信仰も揺さぶられることになっていきます。ここのところは、断じて、いわゆる理性的な目でもって自分たちの活動を見て、それを成功させるべく考えていかねばなりません。

そういうところを甘く考えますと、〝苦しみの種〟になって、次には、事業などがうまくいかないことを真理のせいにしてしまうことがあるのです。「真理に基づいてやったら、うまくいかないんだな」というように考えてしまうことになりがちなのです。また、「神仏は私たちを護《まも》ってくれなかった」というようなことを考えて、そして、無神論に転落していくことはいくらでもあります。あくまでも、それは〝現実的な足腰の弱さ〟であるのです。ここが弱いからこそ、そうなってくるのであって、この部分が影響《えいきょう》することは、仕事の面ではいくらでもあります。

だから、現実の面においては、単に夢想家になることなく、自分たちの「才能」、「力量」、また、「経営」、「運営」のところをよく見ながら、決して、現実のつまずきが信仰のほうのつまずきにならないように体制を組まねばなりません。そういう仕事をすることです。

努力をしているところに相応の協力が出てくる

幸福の科学だっていろいろなことをやっていますけれども、これは単なる理想だけではやっていません。現実のところを非常に厳しくやっています。そうやっておかないと、この現実のつまずきが信仰を揺さぶってくるのです。必ずそうなってくるんですね。

このところは断じて譲《ゆず》れないところであり、この世的な能力においても総力を結集しなければいけないのです。「この世的な能力」だって、やはり、〝神の能力の一部〟ですから、〝人間の霊的《れいてき》な能力の一部〟なのですから、ここの総力を結集して、成功させるべきものはさせなければ駄目なわけなのです。

当会の運営なども、短期間でいろいろなことをやっていますけれども、これは、私がある程度、この世的な運営、処理能力があるということも影響しているだろうと思うのです。そのところで、断じて曖昧《あいまい》なことをしていません。妥協《だきょう》していませんから、自分の最大の能力を注ぎ込《こ》んでやっています。それが、短期間でどんどんいろいろなことが進んでくる理由の一つであると思うのです。

これを神頼《かみだの》みして、「神様、どうぞうまくやらせてください」と言うだけで済むかといったら、済まないのです。やはり、「天は自《みずか》ら助くる者を助く」ということで、己《おのれ》がそういう器《うつわ》をつくり、努力しているところに、それ相応の協力がガーンと出てくるので、それを受けるだけの器がない場合、つまり、それだけの覚《かく》悟《ご》もなく、使命感も持っていない人のところには、そんな大きな結果は出ないし、それが出てきた場合には、これでうぬぼれてしまって転落するのです。だから、間違わないためには、己の努力、修行に合わせた協力があって、それでちょうどいいのです。

そういうことを知っていなければいけません。「自力と他力《たりき》の関係」をしっかり知っておいてほしいと思います。

今、あなたに言ったように、真理のところについては、講師としてやるなら仕事と関係なくビシッとやりなさい。そして、現実の仕事のほうは、仕事のなかに真理を入れて、ユートピアに役に立つことをやっていくこと。これは結構なことだから、これをやっていくときには、どうか〝足腰の部分〟を忘れないように、知力を忘れないようにしてください。間違って甘いことをやったら、次々倒産《とうさん》していきますから、そこはよく考えてやってください。

これは神様のせいでもないし、悪霊《あくれい》のせいでも何でもないのです。地上に集《つど》っている人の仕事の能力であり、この仕事の能力も、実は、やがて霊格《れいかく》をつくっていくときに大きな影響を及《およ》ぼすわけです。

仕事のできない菩薩《ぼさつ》や如来《にょらい》など、一人もいやしないのです。みんなものすごくできるのです。それは、それだけ大きな使命感を持っているから、責任があるからこそ、それを現実化する努力が必要であり、現実化する努力をしているときにいろいろなものが鍛《きた》えられてくるのです。

これは必要なことであるので、どうか、そこにも自分の魂《たましい》修行があるということを忘れないようにしてください。その理想的な仕事をやろうとするなかにも魂修行はあるということです。以上です。

第3章

人材を育てる教育者へのアドバイス

1　子供たちと心から語り合える教師となるには

Q1　私は中学校の教師をしていて、心や優《やさ》しさ、自然などについて子供たちと語り合いたいと思っています。ところが、近ごろの子供たちは、話を聞いてはくれても、そのあと、心が全然違《ちが》うほうに向いていると強く感じるときがあります。子供たちにもっとしっかりと語り続けていくためには、どのような手段があるのでしょうか。

一九九〇年 第二回大講演会「光ある時を生きよ」
一九九〇年三月二十五日　熊本《くまもと》県・熊本市総合体育館にて

教育とは「種をまく作業」と知ること

まず一番目の考え方を申し上げておきますけれども、「種をまく」という作業は、すぐに「実がなる」とか「花が咲《さ》く」ということを意味するわけではないのです。しかし、種をまかないかぎり、絶対に実を結んだり花を咲かすことはないということです。これが前提としてあるのです。

今、あなたがやっておられることは、種をまく行為《こうい》だと思うのです。「その種がいつ実をつけるか、いつ花を咲かせるか」ということ、それはその畑、まかれた子供たちの心、〝心の畑〟にもよりますし、また、肥料加減や水加減など、いろいろなものがあるでしょう。この肥料や水の加減というのは、ご家庭の様子等もあるでしょうし、あるいは、その人の友達、友人関係、そういう関係もあるでしょうから、まず、「種をまく作業である」と割り切ることです。

ですから、その刈《か》り入れのとき、あるいは実を結ぶとき、花を咲かせるときについては、「まず自分の側からその時期を定めないこと」が大事で、それを見なければまけないということになったら、やはり全部が駄目《だめ》になりますから、「黙々《もくもく》と種をまく」という作業が大事だということです。これが一点です。

他の先生とは違う「本物の先生」になるためには

それから、二点目ですけれども、子供たちによく話を聞いてもらい、そして、分かってもらう秘訣《ひけつ》の一つとして、あなたは「絶対に他の先生がたと違う」というだけの値打ち感のある先生になる必要があります。

もう「ほかの先生と違う」ということは、中学生であれば分かります。もう分かるころですから、「あの人は違う」ということを分かっていただく必要があるのです。それが、やはり実力というものだろうと思うのです。まだ芽生《めば》えにしかすぎないだろうと思いますけれども、もう大人の感覚がだいぶありますから、「本物と偽物《にせもの》を見分ける力」はかなりあるのです。ですから、その違いをはっきりと分かってもらう必要があります。

その違いを分かってもらうやり方は二つあります。

それは、今日の講演会（「光ある時を生きよ」。『大川隆法　初期重要講演集　ベストセレクション③』所収）の内容とも関係がありますけれども、一つは「情熱」です。「情熱において最高の教師である」ということ、これは可能なはずです。「どう見ても、周りを見渡《みわた》しても、あなたほどの情熱のある人はいない」ということは可能なはずです。これが一つです。

それから、もう一つは、今日の光明《こうみょう》思想的な話と関係がありますけれども、生徒の美点・長所を徹底《てってい》的に伸《の》ばしてあげられる先生になることです。

『大川隆法　初期重要講演集　ベストセレクション③』（幸福の科学出版刊）

やはり、うれしいものです。人は、自分をほめてくれる、あるいは伸ばしてくれる人のために耳を傾《かたむ》けることは、そんなに難しくないのです。ところが、常に小言を言われると、だんだん耳を傾けることが難しくなってきます。

ほかの人はそんなにほめてばかりでもないでしょうから、そのほめるときに、うわべといいますか虚飾《きょしょく》ではなくて、「本心からほめる」ことが大事で、本心からほめなければ、ほめたことは無駄になります。空回《からまわ》りして、彼らに疑いの心を抱《いだ》かせたり、「あの先生の言うことは口だけだ」ということを言わせたら、効果としてはマイナスになります。ほめるときには、徹底的に本心からほめることです。本心からほめることができなければ、「まだ修行《しゅぎょう》が足りない」と思わなければなりません。

もし、今見たところで、まだ「本心からほめる」という段階まで来ていなかったとしても、あえてそれを自分に言い聞かせて、「自分は子供をよくするために、本心からほめなければいけないんだ」ということでやりますと、この行いのほうに、今度は自分の心のほうが引きずられるのです。そして、本気になるのです。やっているうちに、その言葉で本気になるのです。

ですから、そういう効果も知らねばなりません。口に出した言葉、行《おこな》った行為というのは、あなた自身になるわけです。あなた自身の心そのものになるわけですから、そこのところを、やはり気をつけるべきです。

本気でほめる言葉の力とは

以上、述べましたように、第一は、「種をまく作業というのは、実りとはかかわりなく続けていかなければならないものなのだ」ということです。これは私も一緒《いっしょ》です。今日、種をまきましたけれども、花が何本咲くかは知りませんし、分かりません。しかし、やはり、それが仕事なのです。

このあと、支部長から話があるでしょうけれども、会場の二千五百人の非会員、未会員の方に対して、「全員、幸福の科学の会員になってください」と、たぶん言いたいのだろうと私は感じるのですけれども、でも、まあ全員はならないでしょうね。やはり、まいた種が必ずすぐに生《な》るわけではないように、それぞれの人の時期があるのです。今は「それほど必要ではない」と思っていた人が、あとで「やはり、あれは大事なことであった」と気づくときもあるのです。そのときを私も根気よく待っています。それぞれの人に時期があるのです。

しかし、種をまかないかぎり、絶対に実は結ばれない。そういうことです。だから、立場は一緒です。あとは、「情熱」、そして、「本気でほめる。光の言葉を投げ続ける」ということです。

振《ふ》り返ってみると、先生にほめられた言葉というのは、何十年たっても覚えています。それが、世間《せけん》に出たときに世を渡っていくための勇気になるのです。

「自分はそんなに悪い人間だろうか。駄目な人間だろうか」と思うときに、「あのときに自分をほめてくれた、信じてくれた先生がいた」ということが、どれほど支えになることか。あなたは忘れるかもしれないけれども、相手は絶対に忘れていないですから、それは大事な大事な、ものすごく大事な仕事です。

私もこういう仕事をやっている人間としては、わりに明るいほうだと思っているのですけれども、その原因を手繰《たぐ》ってみますと、やはり、中学校ぐらいのときに非常に幸福な時期があったのが、その自分の明るい性格をつくるのに役に立っているように思います。二十歳《はたち》付近になると、みんな悲しくなってくるものですから、やはり、もっと早い時期に幸福な経験をしていくことが大事でしょう。

どうか、期待しています。頑張《がんば》ってください。

2　学歴社会の今後と新たな価値基準について

Q2　学歴社会について、福沢諭吉《ふくざわゆきち》先生は霊言《れいげん》のなかで、もう少し続くというようなことをおっしゃっていたのですけれども（『大川隆法霊言全集 第12巻』〔宗教法人幸福の科学刊〕参照）、本当に続くのかどうか、お訊《き》きしたいと思います。

一九九〇年 第二回特別講演会「伝道の精神」
一九九〇年九月二日　福岡《ふくおか》県・北九州市立総合体育館にて

問題点を抱《かか》える学歴社会に代わる新たな価値基準

学歴社会については、二カ所から、二つの観点から見なければならないと思います。

一つは、評価する観点です。「明治以降、その人の生まれにかかわりなく、本人の努力による結果、達成によって道が開けるようになった」ということは、近代市民社会において非常に大きな福音《ふくいん》であったことは事実なのです。

それまでの封建《ほうけん》社会においては、日本だけではなくヨーロッパもそうですけれども、「生まれが貴族であるかどうか。親の身分がどうか」ということで、その後の将来がみんな決まってしまうようだったのが、「学問を中心にして、一生懸命《いっしょうけん》めい勉強して、ある程度以上、素晴《すば》らしい結果を出せば、道が開ける」というふうになったことは、大多数の人にとっては大きな福音であったことは事実であるし、それがここ百年ぐらいの進歩の原動力になったということは、率直《そっちょく》に評価しなければならないと思います。

それから二番目に、この学歴社会の問題点、ひずみを排除《はいじょ》するためには、これに代わるものを何か持ってこなければいけないわけです。

では、これに代わるものとして、いったい何を持ってくるのか。財産だろうか。体の力の強さだろうか。あるいは生まれつきの親の職業でしょうか。いったい何でしょうか。

いろいろ選択肢《せんたくし》を出していかなければならないわけですが、この次に出てくるものとしたら、私は、やはり「本人の悟《さと》り、あるいは霊的な目覚めの程度」だと思うのです。

この霊的な目覚めに関して、世の中の人が、一定の判断といいますか評価ができるようになりますと、この学歴社会に代わった一つの目盛りといいますか秤《はかり》が出てきます。

「霊的に目覚めている人、神に近い心を持つように努力し、現に達成していった人ほど、この世の中で指導的な立場に就《つ》く」という社会がつくれたら、学歴社会のところは少し後退してきて、こちらのほうが前進してくるでしょう。

こういう目標のためにも、当会の運動は一つにはあるわけです。

学校での「知的訓練」が「仕事」に結びついてくる点とは

ですから、それまでの間のことですけれども、ただ、学歴社会のなかに埋《う》め込《こ》まれている、もう一つの要素を見落としてはいけないところがあると思うのです。

それは、現代社会のなかで、非常に情報整理型の仕事が増えているということです。「情報を整理し、分析《ぶんせき》し、そして統合しながら仕事をする」という、情報の仕事が増えていて、これが知的訓練と非常に結びついているのです。

「知的な訓練、ある意味で言えば学校的な勉強をすると、書類仕事はよくできるようになる」というのは、これは当然のことであるのです。

「現時点での仕事が、そういう形態と非常に密接にかかわっている」ということとは、これは無視してはいけないところがありますから、学校の勉強等でやらなかった人は、他のところでその訓練、職業訓練をしないかぎり、現実の仕事はこなせるようにはならないのです。この事実は見落としてはなりません。

それと、「現実の仕事ができないと、どうなるか」ということですけれども、これは、「その人自身は悪でなくても、他の人に迷惑《めいわく》をかけることが生じる。そこに悪というものが発生することもありますよ。これも忘れてはならない」ということです。

以上、総合したところを理解してくだされば結構です。

私たちは、新たな価値秩序《ちつじょ》をつくるために、今、運動していますので、今後は世の人々の評価に待ちたいものだというふうに考えています。

3 愛や信仰《しんこう》の大切さを子供たちに伝えるには

Q3

私は小学校の教師をしているのですが、道徳教育等のなかに、大川隆法先生がいつも教えてくださっているような「人間は神の子である」「魂《たましい》は永遠である」「何のために人間が生まれているのか」といったことが全然出てこないので、いつもジレンマに陥《おちい》ります。これからの学校教育における方向性について、ぜひご教授いただければと思います。

一九九〇年 第二回特別講演会「伝道の精神」
一九九〇年九月二日　福岡《ふくおか》県・北九州市立総合体育館にて

大きな体制を変えられない場合に自分でできることとは

悲しいことですよね。実際に教師という立場にある方は聖職ですので、子供たちの将来についてよく願ってやるのは当然のことでしょう。いい方向に導いてあげたいのに、それに対して妨《さまた》げがあるということは、非常につらいことです。

でも、そういう職業は、実際上、ほかにもあると思います。「本当はもっとこういうふうにしたいと思うのに、できない」というところは、ほかにもいくらでもあります。

今、「教師」という立場で言ったけれども、企業《きぎょう》活動だって一緒《いっしょ》なのです。企業の担当者で、真理を勉強して悟《さと》りが高まってきて、愛に生きようと思っても、実際に会社で仕事をしてみると、取引先との関係がどうなっているか。両方が発展している場合がいちばん好ましいのです。両方が発展し合っている場合がいちばんいいけれども、発展が止まっている段階、パイの取り合いになっている段階では、「どちらかが取ったら、どちらかが損をするような関係」がいっぱい出てくるのです。

こういうことで、日夜、悲しんでおられる方はいっぱいいらっしゃいます。自分が仕事ぶりを発揮すれば相手が困るということは、いくらでもあるのです。でも、そうしなければ、上司は評価してくれない。会社としても生きていけない。こういうこともいくらでもあります。

ですから、それぞれの場で、みんなが魂的に苦難・困難を感じているということを、まずは知ってください。そして、置かれている場において、やはり、自分なりの創意工夫《そういくふう》をする以外に道はないと思うのです。

「全体の体制が変われば、そうなるのに」という考えは正論ではあるのだけれども、やはり安易ではあります。いつ、そういう体制に変わるかは分かりません。

「いつ、そういうふうになりますか」「いつ、そんなことを言ってもいいようになりますか」といっても、それは、一人の、個人の仕事でできるものではありません。

そう言っていると、結局は、自分自身の責任を逃《のが》れる方向に流れてくるのです。「結局、世の中が悪いんだ」「制度が悪いんだ」「憲法が悪いんだ」「政党が悪いんだ」と、こういうことになってきまして、何も進歩しなくなるのです。

ですから、そういうことは大きな理想としては持っておりながら、まずは、いったん日々の自分の問題に戻《もど》してくることです。具体的な、自分の今日一日の問題に戻してきて、「今日一日でできることはないだろうか」「工夫できることはないだろうか」ということでやっていくことです。枠組《わくぐ》みとか大きな体制とか、そういうことへの理想とはまた別に、あなた自身の工夫でやっていくことが大事であり、それはコツコツとした地味な仕事ですけれども、これも大事な大事な伝道の一つであるのです。

長い目で見て、世の中を変えていくために

ですから、今、現時点で、発言が許されないような領域があるならば、それを一時期抑《おさ》えておくことも大事でしょう。

でも、子供たちは大人になったら、あなたの言っていたことがどういうことだったかということを、必ず分かってくるようになるのです。川の匂《にお》いを教えてやれば、やがて魚は故郷《ふるさと》の川に遡《さかのぼ》ってくるようになるのです。それがどこの川で、どういう地点かということを教えなくても、その水の香《かお》りだけを嗅《か》がせておけば、やがて子供たちは大人になったときに、確実に、「ああ、先生が言っていたことは、こういうことだったのだな」ということを知るようになります。

ですから、どうか、すべてを今、目の前で、自分が今の子供たちの担任である

うちになどと考えないで、長い目で見てその方向に持っていくことに努力してください。

また、全体の目で、世の中を変えていきたいということが、私たちすべての願いですし、そのために大きな運動を起こしていく必要があるのだと思います。今、私たちの伝道によって、幸福の科学の会員の数も増やしていますけれども、やはり、多くの人の意見を集めないと、世の中が変わっていかないのです。少数の意見だけでは変わらないので、どうしても、理想実現のためには同志というものが要《い》るのです。数多くいると、人々はその声に耳を傾《かたむ》けざるをえなくなってくるのです。

こういうことのために、どうしても、理想を一つにする人に大勢集まってもらう必要があるのです。これが「大義」、大きな義ですね。大義のためにやらなければならない。そのために伝道活動が、苦しいけれどもやらねばならない各人の伝道活動があるのです。どうか、いい汗《あせ》をかいてください。

4 男女の違《ちが》いを踏《ふ》まえた教育のあるべき姿とは

Q4

私は教員をしている者なのですけれども、「女性の魂《たましい》の尊厳が失われつつある」というようなお話を聴《き》きまして、教育の責任を非常に感じております。

そこで、どのように男女の違《ちが》いを踏《ふ》まえた教育をしていけばよいのか、お教え願います。

一九九〇年 第三回大講演会「限りなく優《やさ》しくあれ」
一九九〇年四月二十二日　兵庫県・神戸《こうべ》ポートアイランドホールにて

戦後失われた日本の素晴《すば》らしい伝統

戦後、日本人全員に、一つの贖罪《しょくざい》意識といいますか、「罪を償《つぐな》わなければいけない」という、終戦後の意識があって、「今までやっていたことは、みんな間違いだ」という考えが根強くあります。

そのなかで、家庭のなかで説かれていた道徳も、国と個人との関係も、それから、女性の徳、道徳についても、これらもみんな、「前近代的な、封建《ほうけん》的なものだ」という言い方をされ、「封建的」という言葉を出せば全部否定できるという考え方が出ていると思います。

しかし、私は思うのですが、長年の人類の歴史のなかで「価値あるもの」とされてきたことは、そんなに多く変わるものではありません。今、私たちが、ギリシャ時代の哲人《てつじん》たちが説く教えを読んでも、そんなに多く違うものはありません。

やはり、そのように、（戦前への）アレルギーでもって、物事を杓子定規《しゃくしじょうぎ》に「イエス・オア・ノー」で考えるのは間違いであります。日本人のなかに流れる素晴《すば》らしいものは引き継《つ》いでいってこその日本人であります。

今、戦後四十五年たちましたけれども（説法《せっぽう》当時）、日本のなかに流れる、本当に素晴らしい伝統というものを、見直す時期が来ていると思います。

それには、現場にいる教師である、あなた一人の力では難しい面もあるでしょう。教育としての方向があるからです。ただ、その仕事のなかで、あなた自身、本当に自分の魂にかけて、「素晴らしい男性を、素晴らしい女性を出していきたい」という情熱を傾《かたむ》けていくことです。

古いとか、そういうことにとらわれることなく、「こういう女性は素晴らしい」と思うところを、やはり言ってあげることです。それによって感化されていきます。

難しい話はできないかもしれないけれども、具体的に、女子生徒のなかで、「非常に美点がある」「優《すぐ》れた点がある」と思う方はいらっしゃるでしょう。そういうところを引き伸《の》ばしてあげることです。そうすれば、他の人たちは「どうしたらいいか」が分かります。

具体的なもののほうがよく分かるのです。抽象的《ちゅうしょう》に、「女性はかくあるべし。男性はかくあるべし」と言われても、それぞれ置かれた環境《かんきょう》が違いますから、「私の環境だったら、どうなるのですか」ということで、個別でないと分からないのです。ですから、具体的なものがあるほうがいいのです。

同じ学年の生徒たちがいるわけですから、そのなかで、「これは女性的な特質として優れているな」と思うところは、真理を学習していたら分かります。「ここが優れている」というところ、そこをほめてあげてください。引き出してあげてください。

そして、他の方に「参考にするように」と言うことです。

男らしい生き方にとって大事なこと

男性は男性で、先ほども言いましたように、男性の徳というのはやはりあると思います。先ほど、「強き者は優しくあるべきだ」と言ったけれども、「男性は、強いからこそ、女性に対しても優しくあれるのだ」と私は思います。男性が弱くなってしまったら、優しくあれないのです。優しくできないのです。強くあってこそ、優しくあれる。

その強さの根源は何だろうか。男性的な強さの根源、そして優しさに転化するものは、いったい何であるかというと、これは、「潔さ《いさぎよ》」というようなものではないかと私は思うのです。男性のなかで、「強いな」と見えて、同時にまた「優しいな」と感じるものは何かというと、「潔い」という感覚だと思うのです。

これを現代の男性はかなり失ってきています。この美徳は失っています。みんな粘着質《ねんちゃくしつ》といいますか、何かに執着《しゅうちゃく》を持って、諦《あきら》め切れない、くどいタイプの男性が多いのです。あまりにもくどい。さまざまな地位とか収入、同期との出世競争など、いろいろなものに対して、くどすぎる。

やはり、あっさりとした気持ち、さっぱりとした気持ち、これが大事だと思います。潔さです。

ですから、男性に対しては、「力一杯《ちからいっぱい》にやれ。勉強なら勉強を力一杯やれ。運動でもそうです。仕事でもそうです。力一杯やれ。しかし、力一杯やったあとの結果について、君たちはこだわってはならんぞ。これは、野球でも何でも、試合でもそうです。勉強でもそうです。力一杯やりなさい。しかし、結果に対しては淡々《たんたん》としていなさい。それが男だ。男らしい生き方だ」と教えてやってください。

女性の本当の美徳とは何か

それから、男性には、そういう「潔さ」というものがあるでしょうけれども、女性の場合には、逆に違った面があります。女性の場合は、「長く慈《いつく》しんでいく」という感情です。短いサイクル、短期的な物事のデコボコで上がったり下がったりすることなく、長く、よいものを、美しいものを、じわじわ、じわじわと出していく感じです。

女性の本当の美徳というのは、あの陶磁器《とうじき》のような美徳だと思います。味わいのある色、あれを出すことです。そんなにケバケバしいものではないと思います。あの陶磁器のような色合い、艶《つや》、光沢《こうたく》、あれが長く愛されていくものであり、他の者からやはり愛されるに足る仕事をし続けることだと思うのです。

「ケバケバしい、目を引くような活動、そういう振《ふ》る舞《ま》い、こんなものにとらわれてはいけない。いいですか、そういうケバケバしい装飾品《そうしょくひん》だとか、あるいは絵だとか、いろいろあるけれども、そういうものに象徴《しょうちょう》されるような、目立つやり方ではなくて、あの陶磁器のような色艶を出し、そして忍耐《にんたい》強く生きていくなかに、本当の美徳があるのだ」ということを教えてあげてください。

5　生徒によき感化を与《あた》えるためにすべきこと

Q5　私は中学校の教員で理科を教えていますが、今求められている教員の資質と、幸福の科学の会員としての教員がなすべきことについて教えていただきたいと思います。

一九八九年 上級セミナー「『釈迦《しゃか》の本心』講義」
一九八九年十月二十九日　埼玉《さいたま》県・埼玉会館にて

授業以外で教えられるものも多い

理科のほうだと、やや当会の教えが少ないものですから、ちょっと残念だなと思ったのですけど、理科の授業のなかに真理をどう取り込《こ》んでいくかというと、確かに中学校の理科だと少し難しいでしょう。無理に「幸福の科学のニュートンの霊言《れいげん》では……」とか「エジソンの霊言では……」とかいうように取り入れても、多少難しい部分があって、ちょっと重ならないでしょう。

だから、私は思うのですが、現に教えている仕事そのものが、私たちの今出している真理とピタッと合わないものであるならば、そうした授業以外のところで、ご自分の人格を発揮されたらよいと思うのです。先生と生徒とのつながりというのは極《きわ》めて大きいのです。

それで、特に感化されるというもので、「授業で感化される」というのは本当は少ないいんですね。こう言ってはいけないかもしれないけれども、授業を聴《き》いて感化を受けるということは少なくて、それ以外のところで受けるもののほうが本当は多いのです。先生の素顔《すがお》、先生の生き方、そういうところで受けるものが多いのです。

中学生ぐらいだと、まだ〝先生に対する信仰心《しんこうしん》〟と言ったらあれですけれども、多少、自分より目上で尊敬できる方というのをはっきり感じているところがありますので、先生の「人生観」みたいなものに影響《えいきょう》されることが多いと思います。

授業中にもちろん脱線《だっせん》してもいいこともあるでしょうけれども、それ以外のつながりを持って、そういうところで人生観の話をいろいろな切り口から少しずつしてやるといいと思います。かなり高度なところまで分かります。「人間の生き方」とか、そういう話をすると、中学生でなくとも、小学生ぐらいでもかなりのところまで分かります。

そのときに、主として話をしていただきたいことがあります。やはり、高級霊がこれだけ出てきていますので、霊言であるということは言わなくてもいいけれども、そうした「偉人《いじん》たちの生き方」について学ぶべきところを言ってあげればいいのです。

やはり、そういうものが必要な時期なんですね。小学校、中学校というのは大事な時期で、素直さがなくなってくると、まともに受け取らなくなってきます。高校の上級生あたりからまともにきかなくなってきますので、その時期に、素晴らしい人の生き方を教えてあげることです。これが財産になると思います。

理科の授業で習ったことは、そちらの方面の専門にならないかぎり、やがて忘れていきますが、「人生について教わったこと」だけはおそらく忘れないでしょう。この一時《ひととき》を大事にしていただきたいのです。

私も、中学校のときの理科で習ったことはかなり忘れていますけれども、先生の人柄《ひとがら》がどうだったとか、どんな冗談《じょうだん》を言っていたとか、他の生徒に対してこんなことを言っていたとか、自分に対してこういうことを言われたとかいうことだけは覚えています。理科の実験もフラスコぐらいしか目に浮《う》かんできませんが、そういうことだけははっきり覚えています。

だから、これも対機説法《たいきせっぽう》の一つだと思ってください。そのまま右から左に伝えられるものではありません。中学校の教壇《きょうだん》でこんなものを教えていたら、やはり「〝戦前〟にタイムマシンで帰れ」と言われますから、ちょっと現時点では難しいのです。この内容のうち、人間の心や生き方、そういうことだけを折に触《ふ》れて言ってあげることです。

抽象的《ちゅうしょう》な言葉ではなく、分かりやすい言葉で

まあ、そういう仕事以外で、教員のなかでも、もう少し私たちの本道《ほんどう》に近い仕事をしている方もいるでしょう。例えば、倫理《りんり》・社会あるいは歴史を教えていたり、または大学で文学を教えたり哲学《てつがく》を教えたりしている方もいらっしゃるでしょうから、そうした方は、どんどん取り込んでいくことは可能だと思います。

大学の哲学の先生の書いたものを今読んでみても、読めないものが多いのです。

読むに足りないと言ったら失礼に当たるかもしれないけれども、明らかに分かっていない。「何も分かっていないな。哲学というのが分かっていないな。それから、過去の偉人の考え方とか、全然分かっていないんだな」と思うことはずいぶんあります。

そうした方で、もし心当たりがありましたら、いろいろな訳の分からない抽象《ちゅうしょう》語《ご》で飾《かざ》るのではなくて、それはちょっとやめて、もう少し分かりやすい言葉で言い直したらどうなるか。そして、自分なりの考えが出せないようなら、できたら当会の教えを学んでいただければ幸いであると思います。

学問も、高等教育になってきますと、抽象的な言葉が多くなってきて、言葉だけが独《ひと》り歩きしています。実際に言っていることは何もなく、〝言葉遊び〟ばかりになっています。特に最近の哲学系統の流れは、記号論理学から始まって言葉遊びばかりやっていますが、あれは何の意味もありません。実際上、何の意味もないのです。あるとしたら頭脳訓練だけです。それ以外に意味がないと思います。そうした人たちにも、こうした心に染《し》み渡《わた》ってくるような教えというものをしっかり学んでいただきたいと思います。

教員全体についてのアドバイスにならなかったかもしれませんけれども、大事なことは、「人の生き方をどう教えるか」というこの一点に絞《しぼ》られています。そして、そのやり方はあなたの精進《しょうじん》しだいです。

第4章

天上の美を伝える芸術・芸能への指針

1 天上界《てんじょうかい》の美しさを伝える芸術の役割

Q1

「愛」と「美」の関係についてお訊《き》きします。美の過程を辿《たど》ると、それが愛になると思うのですが、はたして、「愛の大きさ」と「美しさの大きさ」にズレはあるのでしょうか。また、「美の発展段階」というものがあるとすれば、どのような基準となるか、お教え願います。

一九八九年 第二回講演会「悟《さと》りの発見」
一九八九年三月十九日 福岡《ふくおか》県・九州厚生年金会館にて

「愛と美の関係」と「美の発展段階」について考える

数学に「集合」という考え方がありますね。「AはBのなかに含《ふく》まれる」とか、

「ＡとＢは重なる部分があるけれども、離《はな》れている部分がある」とか、こういう「集合」という考えがありますが、「愛」と「美」の関係は、やはり愛のほうが広いのです。愛のほうが広くて、愛の一部のなかに美というものがあるのです。

なぜ、愛の一部に美があるかというと、愛のなかには「調和」という要素があるんですね。この調和の部分と美とは、極《きわ》めて関係があるのです。

「美しい」ということはどういうことかというと、まず、その「美しい」という事実そのものに基《もと》づいて、見る人たちの心を和《なご》ませます。そして、心を調和させる、あるいは喜びに満たすという作業があるわけです。非常にクワイエットといいますか、静的な状態であり、動的なものではなく、非常に受動的な、静的なものだけれども、そういう愛の側面を美は持っているというふうに言っていいでしょう。

やはり、愛のほうが大きいのです。もっと大きく、総合的なものであり、その一部を担《にな》っているものというふうに考えていいでしょう。

それから、美に発展段階があるかどうかということですが、おそらくあると思います。

芸術家であっても、あの世の世界というのはやはり段階がありまして、行っている段階が違《ちが》うのです。地上では、それぞれ「素晴《すば》らしい画家である」とかいわれていても、還《かえ》っている段階が違うということは、おそらく、芸術的な取り組みの差、その結果の差が、何らかの真理基準で判定されているのだろうと推定されるのです。

このへんは、やはり、剣道《けんどう》とか柔道《じゅうどう》などに「段位」があるように、その道というのは、専門家から見れば「実力の差」は歴然とあるのだろうと思います。

「美の発展段階」についての判定基準とは

その客観性については極めて分かりにくいのです。美の段階についての客観性は極めて分かりにくいのですが、一つの判定基準は「影響力《えいきょうりょく》」だと、私は思います。

同じく絵としては美しいのだけれども、ある絵は名画といわれるのです。何ゆえに名画といわれるかというと、多くの人の心を捉《とら》えて揺《ゆ》さぶっているという事実、これはどうしようもないのです。ある人が絵を描《か》いて、「これは世界の傑作《けっさく》だ」と自分で言っても、ほかの人が認めなければ、もうどうしようもないのです。やはり、「多くの人の心を揺さぶった」ということの実績が、名画の基準としてあるだろうと思います。

そうすると、美の発展段階のなかには、極めて、「影響力」という部分のチェック基準があるのではないかと思います。

この影響力のなかには幾《いく》つかの要素があって、一つは「安らぎ」というような部分もあるでしょうし、喜びを与《あた》えたという、「喜び」という部分もあっただろうし、あるいは、この影響力のなかには「真理の世界に目覚めさせた」という伝道効果みたいなものもあると思います。

これは、宗教画などがそうですね。本当は、法そのもので真理の世界を伝えるというのが本道《ほんどう》だけれども、中世・ルネッサンスのころなどでは宗教画がいっぱい流行《はや》りました。あるいは、教会芸術というものも流行りましたけれども、ああいう美しさに惹《ひ》かれて入ってくる人もいるわけです。それに惹かれて来る。

この「美しさ」というのも、天上界《てんじょうかい》の表れの一つなのです。天上界は美しいのです。そして、悟りの段階が上がれば上がるほど美しい世界に住んでいますから、これも一つの要素なのです。あるいは姿なのです。

ですから、その美しさを通じて、地上の人々に真理を教えているという面は、やはりあるのだと思うのです。

聖母マリアがキリストを抱《だ》いている姿、こういうのを眺《なが》めているうちに、何とも言えない聖なる神秘的な美しさに打たれて、この世ならざるものを感じる。そして、感銘《かんめい》を受ける。「振《ふ》り返ってみれば、自分という者はずいぶん薄汚《うすよご》れた生き方をしているな」と、こういうふうに思う方もいるでしょう。

あるいは、天上界を描いた絵、天国の天使たちの姿を描いた絵というものもあります。ルーブル美術館などに行くと、大天使ミカエルの絵が掛《か》かっています。軍服を着て、槍《やり》を持ったミカエルが出てきている姿を描いていますが、実物そっくりなんですね。ですから、描いた人は、やはり分かったのだろうなと思います。霊視《れいし》が利《き》いたのか、インスピレーションがあったのかは知らないけれども、本物そっくりです。そういう姿をしています。

このように、実在界を説明する、解説するという役割も担っているのです。

そうすると、お坊《ぼう》さん系統の人は、その法の中身や説得力、説法《せっぽう》の内容で実力の差がありますけれども、芸術家、美を体現している人は、「いかにして実在界の美を、美しさを知らすことができたか」といったあたりが、やはり説法と一緒《いっしょ》だと思うのです。絵が雄弁《ゆうべん》に語っている部分があるのです。

絵以外にも、「生け花」であろうが「お茶」であろうが、いろいろあるでしょうけれども、〝（雄弁に）語っている部分〟があります。そのような「段階の差」が、きっとあるのでしょう。一言《ひとこと》で言うなら、やはり「影響力」だと思います。

そのへんでご勘弁《かんべん》ください。

2 芸術家が果たすべき使命とは

Q2

幸福の科学にはさまざまな個性を持った人々が集まっていると思うのですけれども、「正しき心の探究・学習・伝道」ということが、永遠の転生《てんしょう》輪廻《りんね》のなかでのテーマでもあり、また、それぞれの系統の魂《たましい》にとって使命感の根本《こんぽん》をなすものだとも思っています。

今のような時代に生まれた芸術家に対して、大川先生は、どのようなかたちでの伝道を望まれているか、そのへんをお聞かせいただきたいと思います。

一九九〇年 第一回特別講演会「情熱からの出発」

一九九〇年四月八日　福島県・郡山《こおりやま》ユラックス熱海《あたみ》にて

「魂《たましい》を揺《ゆ》さぶる」という伝道と芸術の共通点

先ほど、「（仏の光の七色）光線の具合で専門が違《ちが》う」という話をしましたけれども（「情熱からの出発」。『大川隆法　初期重要講演集　ベストセレクション③』〔前掲《ぜんけい》〕所収）、別のようではあるけれども、ある意味では、黄金光線は全部を包《ほう》含《がん》しているものでもあるのです。

だから、決して疎外《そがい》感を持ってはいけないと思っていますし、特にヘルメス的な部分については、奥《おく》には芸術系統でそうとうのものが実はあるのです。

実は、真理の伝道といっても、このバックアップをするための「芸術性」というのはあるのです。いつの時代にも必ずあります。

例えば、孔子《こうし》が説いた『論語』というのがありますけれども、あの『論語』の問答を見て、内容だけで二千五百年伝わったとは思えないのです。内容だけではなくて、あの言葉の美しさですね。言葉の美しさというのは絶対にあるのです。あれは詩人としての魂《たましい》が言っている言葉です。孔子が詩人であるからです。

また、宗教家たちは、みんな、過去、詩人でもあったのです。

詩人は同じく音楽を解《かい》する心を持っています。そういう感動を分かる心を持っているのです。それがない人は、結局、人々の心に感銘《かんめい》を与《あた》えることができないのです。

「魂を揺《ゆ》さぶる」という意味において、芸術というのは極《きわ》めて大事な役割を果たしていると言ってよいでしょう。

ですから、芸術家として当会のなかで活躍《かつやく》していくには、「この法がどのようなかたちで広がっていくと、多くの人々の魂に揺さぶりをかけ、目覚めを与えることができるか」という方法論のところでバックアップしてくれるかどうかです。そうすると非常に助かります。非常に助かるのです。

やはり、大衆伝道の段階になりますと、知識的なものだけでは無理でして、「感性」のほうに訴《うった》えないと広がらないのです。したがって、その部分を次第《しだい》しだいに入れていかねばなりません。

ですから、音楽もそうですし、絵画《かいが》その他、いろいろな「美学的センス」というのを総動員していかなければいけない時期がやがて来ると私は思っています。

真理の入り口はいろいろある

昔、キリスト教の神父《しんぷ》さんに話を伺《うかが》ったときに、私はこんな質問をしたことがあるのです。それは子供のときですけれども、「キリスト教の教えはいいと思うけれども、なぜ、教会では、ステンドグラスを張ったり、パイプオルガンがあったり、金色の十字架《じゅうじか》を下げたり、いろいろな服を着たりするのですか」というようなことを訊《き》いたことがあるのです。そのときに、こういう答えを聞きました。

「真《しん》・善《ぜん》・美《び》という言葉があるでしょう。真のところでは真理知識を得て悟《さと》ることもあるだろうし、善、善《よ》さということを知って神様に近づいていく人もいるけれども、美を通して神様を知る人もいるでしょう。

教会に来る人たちは、そんなに勉強ができて頭がいい人だけではありません。音楽の美しさ、教会音楽に惹《ひ》かれて来る人もいるし、教会のステンドグラスの美しさに惹かれて来る人もいるし、着ている衣服に惹かれる人もいるし、十字架に惹かれる人もいる。真理の入り口はいろいろあるし、美だって一つの入り口でしょう」

そういうことを聞いたことがあるのです。「ああ、そういうことが分かっているなら、いいなあ」と私は思った次第なのです。

本当に「愛をもって多くの人を導きたい」と思うならば、その入り口は、いくら多くても多すぎることはありません。ですから、音楽を通しても、絵画を通しても、それ以外の芸術様式を通しても可能だと思います。それで努力をすることには、一切《いっさい》の誤りはないと思います。

根本は、真理の理解は理解として、きちんと押《お》さえることです。これは主《しゅ》ですから。そして、「それ以外の方法論として、さまざまなものがある」ということを間違わないことです。これが逆になり、考え違いをするといけないのです。

例えば、「音楽を広めることが真理の伝道なのであり、真理を学んだりするようなことは従であって、音楽が主だ」というふうにあまり考え出すと、これはちょっと違います。「あくまでも中心は中心で分かっておりながら、それぞれの器《うつわ》や性格、才能に合わせた使命を果たしていく」ということです。(注)

共通項《こう》のところは、やはり他の会員と同じく学んでいく必要があります。「独特の才能があるから自分は別だ」という考えだと、絶対、先行き間違いになりますから、そこだけはしっかり分かって、そして、「自分の持った力で伝道を助けていく」ということでいいと思います。

（注）現在、天上界《てんじょうかい》の高次元にある美しい調べを直接的に表現した、「El Cantare《エル カンターレ》 大川隆法 オリジナルソングス」を数多く作詞・作曲している。その真理が表された詞と、宗教的バイブレーションに満ちた音楽は、人々の心を癒《い》やし、魂《たましい》を救済している。

3 小説や映画にも天国的・地獄《じごく》的の違《ちが》いがある

Q3

小説や映画の方面で、心に思うことを訴《うった》えていきたい、人に伝えていきたいと思っているのですが、もし自分の思いが誤った方向に行っていたら非常に困ることになると思います。そこで、真理の観点から、ものを表現する者に対する注意事項《じこう》がありましたら、お教えください。

一九九〇年　第六回大講演会「信念の力」
一九九〇年六月二十四日　北海道・真駒内《まこまない》屋内競技場（アイスアリーナ）にて

霊的《れいてき》に見て危険性のある小説や映画とは

小説と映画を挙げられましたので、両方にわたることになると思います。

小説でも「地獄《じごく》的小説」と「天国的なもの」がありますし、映画でも両方あります。

地獄的小説といったら、やはり作家の思想がそちらに傾《かたむ》いているのですが、この世では〝芸術性〟ということで判断されてしまって、必ずしもそれを悪く取らないのです。非常に地獄的なものであっても、芸術性というふうに取られてしまって分からない。だから、世界の傑作《けっさく》といわれるようなもののなかにも、そんなものも入っているのです。〝チョチョッと入って〟いるので、私などはちょっと読みかねているのですけれども、読めないものがあるんですね。

特に暴力が中心のもの、それから、殺人とか、そんなものが多い小説ですね。こういうものは、まあ、例外もあるでしょうけれども、少し危険性を伴《ともな》っているというふうに思ってよいでしょう。これは映画も同じです。特に映画でしたら、日本だと、日本映画の中心はヤクザ映画でしょうか。私はよく知らないのですが、天国的とはとうてい思えません。

歴史もののなかで、そういうものも出てくることもやむをえないとは思いますけれども、やはり根底において、「愛」とか「正義」とか「理想」とか、こういうものが中心にあってほしいと思います。どうしても場面設定上、暴力や殺人の場面が出てくるのはやむをえないこともあるでしょうけれども、あくまでも中心はしっかりしておいてほしいのです。それがなくして、ただそういう場面だけ、あるいはアクションだけを求めていくもののなかには、非常に危険なものがあります。

先年、ブルース・リーという人が亡《な》くなりました。香港《ホンコン》のカンフー映画によく出ていた人です。あの人の亡くなったあとも、「やっぱり地獄に堕《お》ちた」としばらく噂《うわさ》になりました。ブルース・リーの葬式《そうしき》など、いろいろやりますと、その場にものすごい悪臭《あくしゅう》が立ち込《こ》めてくるというのです。「ドブのような臭《にお》いが立ち込めてくるので、関係者が『きっと地獄に堕ちたに違いない』と噂をしていた」というのが記事になっていました。

その後、功績も認められたのでしょう。今は天上界《てんじょうかい》にいます（現在は支援霊《しえんれい》の一人）。

天国的なものと地獄的なものを見分けるには

文学者の場合は、「その人の思想に、基本的に、他の人々をよくしていこう、愛していこうという気持ちがあるかどうか」というところにかかります。

また、歴史小説家のなかには、すべて逆になっている人もいます。光の天使系統の人を全部悪く書いて、逆に地獄のほうに行っているようなタイプの人を英雄《えいゆう》にして一生懸命《いっしょうけんめい》書いている方も、なかにはいるのです。

そういうものは、当会の本を読んでいると、だんだんはっきり分かってくるようになります。はっきり違《ちが》いが分かってくるようになりますが、基本は、やはり「書いている人の心が天国に向いているか、地獄に向いているか」ということ、これにもう尽《つ》きると言ってよいかもしれません。

昔、私がよく読んでいた歴史小説に、シュテファン・ツヴァイクという人の書いたものなどがあって、けっこう面白《おもしろ》かった記憶《きおく》があったのですが、真理の世界に入ってから何年もたって読んでみると、残念ながら読めないのです。光の天使が逆にみんな悪者に書かれていたりすることがあって、よく反対になっていたりするのです。ヒットラーと戦っていた人ですから、そういう意味で巨大《きょだい》権力を批判していたのでしょうけれども、現実には「ヒットラー的なもの」と「そうでないもの」との区別がついていない場合には、やはり気の毒なことになります。単に権力への反抗《はんこう》ということだけで捉《とら》えていったら、そういうふうになります。

そういうことで、基本は、やはり「書く人の心がどちらに向いているか」ですし、それを分かるためには、できた作品が、「人間愛が流れているか。それとも暴力や殺人的なものか。あるいは、観《み》たあと、何となく心のなかが暗くなって帰るようなものになっていないか」ということですね。

ですから、芸術性という言葉だけですべてが合理化されるわけではないから、それを知らねばならないということです。

当会としては、今、月刊誌（月刊「幸福の科学」）では「愛は風の如《ごと》く」というヘルメスの物語を連載《れんさい》していますが、これは小説に近いものでありましょうし、映画にしたいという声もあちこちから上がっています。そういうこともあるかもしれません。やがては、そういうものも機会があれば考えてみたいと思っています（注）。

（注）その後、「愛は風の如《ごと》く」は一九九七年にアニメーション映画「ヘルメス―愛は風の如く」（製作総指揮・大川隆法）として公開された。大川隆法製作総指揮・原作・企画《きかく》の劇場用映画は二〇二一年十月公開のアニメーション映画「宇宙の法―エローヒム編―」で二十三作となる。

4　東洋音楽の特徴《とくちょう》と日本の音楽界への期待

Q4　大川隆法先生は『黄金の法』（幸福の科学出版刊）のなかで、西洋の作曲家たちの伝統音楽の段階論をお示しくださいましたけれども、それは東洋の場合にはどのようになっているのでしょうか。また、日本の雅楽《ががく》はどのような霊的《れいてき》位置づけになっているのでしょうか。

一九九〇年 第九回大講演会「大宇宙の悟《さと》り」
一九九〇年八月二十六日　千葉県・幕張《まくはり》メッセにて

東洋の音楽の霊的バイブレーションについて

東洋といってもずいぶん広いので、中国やインドの音楽それぞれについての知識がなく、よく分かりませんが、ただ、彼らの音楽のなかで、非常に精神統一を進めるような音楽等には霊的バイブレーションが実際にありますし、かなり高いところからの指導もあるものだというふうに思っています。「東洋のほうでは、瞑想《めいそう》的な音楽のなかで、かなりのバイブレーションの高さを持っているものがある」というふうに考えられるのです。

「作曲家が誰《だれ》で、どういう曲がある」というのははっきりしませんから、その心境を一概《いちがい》には言えませんけれども、そこそこのレベルがあるのです。

ただ、実感として、やはり、近代の西洋に出た音楽のレベルにはかなり高いものがあって、東洋の音楽は少し後《おく》れているかもしれません。もう少ししたら出てくるのでしょうけれども、全体的に言って、やはり少し後れているように思います。（注）

大音楽家がこれから生まれ変わってくる国とは

最近の日本で見てみますと、昔から見ても、日本でもやはり音楽系統はずっと後れてきています。神代《かみよ》の時代の「神楽《かぐら》」あたりから始まっていて、これは、もちろん神様の世界から来ているでしょうけれども、そのあと、音楽的に大きな発展は特にしていなかったように思うのです。

最近、喜多郎《きたろう》とか、ああいう人が出ていますけれども（説法当時《せっぽう》）、かなりバイブレーションを受けていますね。神道《しんとう》系のほうのバイブレーションを受けています。喜多郎とか宗次郎《そうじろう》とか、いろいろいますけれども、かなり受けているように思いますので、「ぼちぼち始まったかな」というのが私の率直《そっちょく》な感想なのです。

もう少しすると、日本からも、西洋でここ二、三百年で起きたような、大きな音楽に匹敵《ひってき》するようなものが出てくると思います。それは、そう先のことではなく、「ここ二、三十年の間に必ず出てくる」というふうに私は考えています。その兆《きざ》しはもう現れてきつつあるように思います。

やはり、経済的・文化的な高みが、ある程度できてこないと、そういう部分はないのです。文化というのは、余裕《よゆう》の部分が出ないと高みがつくれないのです。生活で〝いっぱいいっぱい〟でやっていますと、無理なのです。

今、これから先、二十一世紀を見渡《みわた》してみるに、「どこで文化が爛熟《らんじゅく》してくるか、高度な文化を持つか」というと、非常に可能性が高いのはやはり日本です。いちばん可能性として高いので、これから私たちが生きている間に、そういうものを見ることができるかもしれないのです。

かつてのベートーベンやバッハやショパン、あるいはモーツァルトに相当するような人が、これから日本にたぶん出てくるはずです。それを私たちは、生きている間に見ることができるかもしれないし、聴《き》くことができるかもしれない、非常に楽しみな時期が来ているのです。

ただ、大きなマクロの目で見たら、やはり「少し後れていた」というふうに感じられます。「これからだ」というふうに考えます。

（注）その後、二〇二一年七月時点で、大川隆法総裁による楽曲が四百五十曲以上、作詞・作曲されており、そのなかには東洋的な色彩《しきさい》を帯びた楽曲も多数含《ふく》まれている。日本人の歌手、音楽家にも過去世《かこぜ》において大音楽家や神々として活躍《かつやく》した人が多いことも霊言《れいげん》、リーディング等で明らかになっている。

第5章

経済・産業・科学技術の未来を考える

1　経済活動や土地問題を宗教的にどう見るか

Q1　ユダヤ教やイスラム教においては、経済的なものを肯定《こうてい》しているように思われます。それに対して、キリスト教や仏教においては、さまざまな解釈《かいしゃく》がなされています。その点、経済的なものについてどのようにお考えでしょうか。

また、今日《こんにち》の日本において土地問題等が議論されておりますが、今後どのようになるでしょうか。よろしくお願いいたします。

一九九〇年 第一回大講演会「信仰《しんこう》と愛」
一九九〇年三月十一日　千葉県・幕張《まくはり》メッセにて

キリスト教、仏教の「経済」に関する考え方

はい。今のお考えだと、「ユダヤ教、イスラム系統の教えでは経済的なものの考え方があるけれども、仏教、キリスト教ではそれが弱いように思える。あっても解釈が分かれているように思えるが、如何《いかん》」ということですね。そして、「現在ただいまの観点から見た場合にどうか」ということであったと思います。

キリスト教や仏教が経済的なものの見方を否定していたと考えるならば、これは間違《まちが》いになってしまいます。あえて言うとすると、「それに関する教えの伝わり方が十分ではない」というふうに捉《とら》えたらいいと思います。

キリスト教に関しては、イエス自身がそれほど経済的な考え方自体を否定していたわけではありません。それよりも、もっとほかに説くこと、急いでいたことが多かったものですから、力点が少なかっただけで、その分の修正をするために、

近代、ルター以降のプロテスタントの流れにおいて、「資本主義精神」を肯定する教えが出てきています。

これは、キリスト教のなかで、明らかに天上界《てんじょうかい》から下《くだ》ってきて指示が出ているかたちなのです。資本主義経済社会のなかにおいてもキリスト教精神というのは十分に適合しうるということを教えるために、新教以下の教えが出てきているわけです。

その基本的精神は何であるかというと、一生懸命《いっしょうけんめい》、勤勉に働く者に対しては、富というものは与《あた》えられてよいのだという考え方です。これが基本にあるのです。「勤勉に働くということは非常に大事である。その対価として富が与えられるのである」ということを教えているわけです。

一方、仏教のほうで経済を完全に否定しているかというと、実はそうでもありません。仏陀《ぶっだ》の教えのなかで、在家《ざいけ》の人々に対する法のなかでは、「勤勉に働いて財を蓄《たくわ》えるのは非常に尊いことである」と繰《く》り返し教えています。出家《しゅっけ》した修《しゅ》行者《ぎょうしゃ》に対してと在家の者に対してとでは、教え方も違います。在家の者に対しては、「心清く生き、そして努力して財を積むことは大事であり、その財を梃子《てこ》として真理の流布《るふ》のために協力するならば、その富はまたまた大きな役割を果たすようになるだろう。それがまた仏の心でもある」ということをきちんと説いています。

さて、現在の時点（一九九〇年当時）で見てどうであるかというと、経済全体についての話はそうとう大きくなりますので、また別途、本を世に問うしかないと考えておりますけれども、現時点で出ているものとしては、幸福の科学からは『ユートピア価値革命』（宗教法人幸福の科学刊）等の本が出ていますので、それを参考にしていただければ幸いです。言わんとすることはどういうことであるかというと、「経済そのものは価値中立的なもので、本来、善でも悪でもない。そして、それが使われる目的、方向において、その善悪は決まることとなる。したがって、ユートピア建設あるいは真理流布の方向で積極的に力を増すための富というのは、これは善である」ということです。そういう考え方をはっきりと打ち出しているのです。

地価について、経済の法則と仏法真理《ぶっぽうしんり》の観点から考える

この「ユートピア建設のための富は善である」というものの考え方からいって、あなたの言っておられる土地の問題はどうなるのかということがあります。

土地の問題自体については、これは歴史の法則から言いますと、「世界でいちばん発展している土地は、いつの時代も土地代が高い」というのは当然なのです。これは、歴史的にもそのとおりになっています。なぜかというと、そこに住みたい人が多いからです。住みたい人が多いですから、それを手に入れたいという需《じゅ》

要《よう》が強く、供給が限られている。それゆえに、経済の法則からいくと土地代は上がるということですね。

そうすると、東京を中心とした土地代は非常に高いわけですが、これは一般的《いっぱん》な法則に則《のっと》っているところはあるわけです。東京の土地代が高い原因は、一つは、「ここでは発展の可能性、チャンスがある」という〝チャンス代〟であるし、もう一つは、「都市が自由である」という〝自由代〟であるという考えがあるでしょう。だから、ある程度、そういう人が多く住みたがる所の地価が上がっていくのは、やむをえない部分があります。

ただ、もう一つ、仏法真理《ぶっぽうしんり》的観点から述べますと、土地代が上がっていくことはやむをえない趨勢《すうせい》と言えるとしても、それをあらかじめ見越《みこ》した上で、いわゆる地上げ系統の〝土地の値段を吊《つ》り上げる仕事〟を中心にやっている人たちはどうであるかという考えがあるわけですが、これは明らかに地獄《じごく》です。地獄なのです。残念ながら地獄なのです。

ですから、そうしたことを中心にやっている企業《きぎょう》というのは、やはり〝地獄的な企業〟で、想念の曇《くも》りがかかっています。そういうところで腕利《うでき》きでやっている人たちは、残念だけれども、つらい日々が来る可能性はあるということです。そこのところはよく覚悟《かくご》しなければなりません。

なぜかというと、富というものは、本来、価値中立的なもので、使い方によっては善になるけれども、それが「執着《しゅうちゃく》」になったときには、明らかにこれは悪に転化していくことがあります。「金を儲《もう》けたい」という一念のために、土地の値上げのために、転売したりいろいろなことをやっている企業というのは、その目的において、そうとう暗い想念がかかっている。ゆえに、そういう企業は要注意です。そういうところで社長をやっている人は、あとが大変になります。

これに関してもう一つ言っておきますと、都市の土地代が高い理由の一つには、いわゆる「節税問題」があるわけなのです。

節税をするためにはどうしたらいいかということですが、企業は借金をこしらえれば節税効果があるわけです。借金をつくるために土地を買います。そして、赤字を出します。すると、税金を出さなくて済むわけです。払《はら》わなくて済む。こういうことで、次から次へと土地を転がして、土地代が高くなっていく。こういう考えがあるわけですが、この考えに対しては、坂本龍馬《さかもとりょうま》が霊言《れいげん》で、「明らかにそういう目的でもって節税をやっている人たちの心は地獄です」ということを、はっきり言っています。正当な筋《すじ》はいいのですけれども、ただそういう税金逃《のが》れのためだけにやっている人たちは、これは間違っています。

また、そういうことが流行《はや》ってきますと、国力が必ず落ちてきます。アメリカの国力が落ちているのは、そこに原因が一つあります。国を挙げてみんなで節税をやると、国の財政収入が豊かになるわけもなく、国力が高まるわけもありません。構造協議とかで、日本に対してそうとうの圧力をかけていますけれども、一度、脚下照顧《きゃっかしょうこ》して、自分たち自身のあり方というものを振《ふ》り返ってみる必要があります。その部分をしなければ、必ず作用・反作用の法則があって、今後厳しい経済的困難が待ち受けていることになるでしょう。そうしたアメリカの轍《てつ》を踏《ふ》まないためにも、私たちは正しい経済感覚を持って仕事をしなくてはなりません。

以上、言えるように、「一般的に、世界でいちばん発展している所の土地代が高くなるのはやむをえないことである。それはいろいろな意味が含《ふく》まれているから、やむをえないことではある。けれども、それを吊り上げ、それを不当に利用した仕事をしている人たちに対しては、厳しい反作用があると思える」ということです。

そういう観点から十年後の土地問題はどうであるかということですが、必ず反作用として、地価の下落ということはありうると私は考えています。

2　新時代の経済原理についての基本的ガイドライン

Q2　経済学的な話になるのですけれども、「生産力が高度に発展したユートピア社会において、社会的富の分配はどうなっていくのか」についてお伺《うかが》いします。例えば、「社会的弱者の救済はどうなっていくのか」「国家と税金はどうなるのか」「私有財産制度はどう変遷《へんせん》していくのか」「メジャーの存在など、過度の資本の集中はどう防いでいけばよいのか」ということについて、お尋《たず》ねしたいと思います。

一九八八年 第二回講演会「ユートピアの原理」

一九八八年五月二十九日　大阪《おおさか》府・大阪国際交流センターにて

幸福の科学の支援霊団《しえんれいだん》にいる有名な経済学者たち

はい、分かりました。

経済原理については、一言《ひとこと》で言うのは難しいのです。これからどんどん出していかなくてはならないのです。本格的なものについては考えています。

例えば、幸福の科学の支援霊団《しえんれいだん》のなかには経済学者もいるのですが、出番がなくて、うずうずしているのです。

例えば、ケインズ、シュンペーター、マルサス、それからリカード、もうたくさんいます。

有名な方でも、亡《な》くなられた方だと話ができます。地上では会えないけれども、あの世に行ってしまえば、こちらのものですから、話ができるのです。

ですから、国家規模の問題、経済原理の問題であれば、ケインズ等を引いてくればいいわけです。彼の「有効需要《じゅよう》」の考え方はどうなっているのか、もうやめたのか。「ケインズ（の考え方）は終焉《しゅうえん》した」とか言われているけれども、「何か言いたいことがあれば言え」と言うことも可能です。

もっと前で言えば、アダム・スミスの「神の見えざる手」というのがあります。彼の見えざる手もまだ暇《ひま》そうで、ブラブラブラブラしているようなので、「『国富論』の次を書きたいのではないか」と思っていますが、いかんせん、私にまだ時間がないので、経済学者まで行かないのです。

ですから、このへんでは本格的なものが当然出てきますので、それに譲《ゆず》りたいと思っています。

経済原理の基本的な二つのガイドライン

ただ、基本的なガイドラインだけは言っておかないといけないと思います。

「弱者」という考えはやめてください。これが基本的な出発点です。「弱者、強者」という考え方は外す必要があると思います。

それは、二つの面から考える必要があります。

一つは、「心の価値と幸福感、真の幸福感」の観点からです。「心の価値、幸せ」という意味では、必ずしも経済原理が働いていないのです。

老荘《ろうそう》思想を説いている老子《ろうし》等を見たら、どう見ても金を稼《かせ》ぐのがうまいとは思えないのです。地上に出て老子がそんなに月給取りとして汗《あせ》をかくとは思えません。いろいろいますけれども、ああいう人たちはそうなるとはとても思えないのです。ただ、幸福感だけは高かろうというふうに感じます。

ですから、「経済的強者、弱者というのが必ずしも幸福感とはつながらない」という観点、「心の価値からいくと両方ありえる」という観点は忘れてはいけないのです。

もう一つ大事なのは、「影響力《えいきょうりょく》」という考え方だと思うのです。「社会的影響力」という観点から言えば、経済的に強力な力を持っている人の影響力が強いことは事実です。

新時代のユートピア社会をつくっていくためには、この影響力という観点から攻《せ》めていった場合、「経済的に力を持っている人が真理に目覚める」ということは、たいへん大事なことです。こういう人はたくさん出てこなければいけないのです。

アンドリュー・カーネギーとかロックフェラー、ヘンリー・フォードのような人が今後の日本にたくさん出てこなければ、やはり、本当の意味で日本の社会がよくなっていかないと思います。松下幸之助《まつしたこうのすけ》が一人で頑張《がんば》っていても、やはり、ほかの人も出てこなければいけないのです。

そういうことで、「影響力」という観点から見たときに、そうした経済力がまた一つの武器になることは事実であります。

私も、そのへんを考え、「幸福の科学も影響力がないといけないから、多少は経済的にも力があってほしい。どうすればいいか。松下幸之助の守護霊《しゅごれい》に訊《き》けば、もしかしたら、うまくいくのではないか」と思って、この前、松下幸之助の守護霊を呼んだのです。

誰《だれ》が出たと思います？　紀伊國屋文左衛門《きのくにやぶんざえもん》という方が出てきたのです。びっくりしましたけれども、いろいろな人がいるものです。紀伊國屋文左衛門が出てきたのですが、守護霊をしているのだそうです。「当会のほうも指導してもらえませんか」と言ったのですけれども、「向こう（松下幸之助氏）が死んでからにする」と言っていたのです。

そういう力を持っている人も実際にいるので、そういう支援霊団もどんどん引いてきたいとは思っています。

「個人のレベルで見たときには、弱者、強者というのが必ずしも幸福感にはつながらない」という観点と、「今後の時代をつくっていくためには、経済的影響力を持った人の出現が要請《ようせい》される」という観点が大事です。これは事実です。

天上界《てんじょうかい》の経済学者たちは今の税制をどう感じているか

税金等については、今日、大蔵省《おおくらしょう》（現・財務省）の方も何人も来ているので、めったなことは言えないのですが、あんなものは、「ない」に越《こ》したことはないと思うのです。

（天上界《てんじょうかい》の）経済学者たちと十分に話はしていませんが、彼らは、やはり、「現在の税金国家体制はおかしい」と見ているように感じます。そういうふうに感じているようです。

特に、「五十パーセント以上も税金が出るような、ああいう考え方では、本当の意味で社会的な影響力は出てこない」ということは言っているようです。ですから、どうも、「せいぜい、一、二割ぐらいでいいのではないか」という考えに近いようです。

そして、要は、高額所得者が悪いことをできないように、つまり、「真理に則《のっと》った人々が高額所得者のなかに出てきて、影響力を駆使《くし》できるような方式にしたい」ということです。

税金は、例えば、今、年収一億円ぐらいの人だったら、どうでしょうか。八千万円近く、七、八千万円は税金で行くのではないかと思いますが（説法《せっぽう》当時）、「一億の収入があれば、一律、七、八千万を税金で取られるのではなくて、このうちの一千万、あるいは二千万でもいいが、一千万はいわゆる税金として納める。例えば税金は五千万を上限とすれば、残りの四千万をどういうふうに使うかについて、その使途《しと》を、その納税者がある程度指定できる。例えば、『福祉《ふくし》に、このうちの二千万を回してください』とか、『真理の伝道に一千万は回したい』とか、こういうふうな指定ができる。そういう選択《せんたく》制が望ましい」というように彼らは言っています。

「やはり、各人が働いて貯《た》めたものを、その使途がどうなるか分からない税金で集められ、いろいろなところで分配されるだけではおかしい。これでは不公平感がある。

一部は一律で、例えば一割は全員一律で取られたとすれば、ある程度以上の高額所得者は、この一割を超《こ》えた部分の税金の使途について、本人の希望が多少活《い》きるような方向であるならば、そこに真理価値との合致《がっち》があるだろう」

こういうことを言っているようです。

まだ大蔵省を折伏《しゃくぶく》していないので何とも言えないのですが、そのうちにやりたいものです。

そういうところに一つの方向性が出ているのではないでしょうか。ですから、真理価値がある方向に経済の流れが川上《かわかみ》から川下《かわしも》に流れていくような、そうした方向をつくっていくことがありえるように思います。

こうした運動がもう少し大きくなれば、やがては、経済界あるいは政界の人たちも、多少、協力をするようになってくると思いますので、そうしたときに、かなりのことができるのではないかと思っています。天上界の経済学者たちも、そうしたときに本領が発揮できるのではないかと思います。

ですから、時期が来たら、日本国の改革・改造案ぐらい、私はいくらでも出します。出せると思います。ただ、「今はその時期がまだ来ていない」というところです（注）。

あと、そうした政財界での協力者も、今後、どんどん出していく必要はあると思っています。

長く行きましょう。とりあえずは第一歩からです。

（注）その後、二〇〇九年以降、幸福実現党を立党、『幸福実現党宣言』『新・日本国憲法 試案』（共に幸福の科学出版刊）を世に問うなど、日本の政治、経済、教育など多分野にわたりさまざまな政策を提言し続けている。さらに世界教師《ワールド・ティーチャー》として、世界の政治・経済問題等にも的確な提言を続けている。

3　森林などの乱開発についてどう考えるべきか

Q3　このごろ、日本の企業《きぎょう》は熱帯雨林などを切り倒《たお》した木材をかなり輸入して大きくなっているようですが、その周りに住んでいた人たちや、そこに生存していた動物、何百年、何千年と育ってきた木々等が犠牲《ぎせい》になっていると思います。そういうことを人間が続けていてよいのでしょうか。

ただ一方で、海の開発やゴルフ場の建設等ができなかったら、建設会社もすごく困るだろうし、一般《いっぱん》の人たちも楽しむところや喜びを分かち合えるところがなくなると思うのです。

しかし、周りを犠牲にしてまで、そういうことをしなくてはいけないのだろうかと思うのですが、大川隆法先生はどのようにお考えでしょうか。

一九九〇年 第二回大講演会「光ある時を生きよ」
一九九〇年三月二十五日　熊本《くまもと》県・熊本市総合体育館にて

熱帯雨林の乱開発を、より大きな視点から見てみる

熱帯雨林の話は、おそらくフィリピンなどのことを言っておられるのではないかと思います。フィリピンのほうは、かつて森林がそうとうあったのですけれども、今、山が裸《はだか》になっています。そして、ほとんど日本が買い付けたという話が出ています。

ただ、私は思うのですけれども、もちろん、家を建てるために木が必要な国があり、木を提供できる国があるならば、その間で貿易が起きること自体は、ごく自然なことだと思うのです。ですから、そこは、その開発をする当局の側にたぶん問題があります。

すなわち、国のほうに、政策がきっちりできていないところがあるのではないかと思います。大部分がそういうふうになったところは、おそらく密輸入だと思

うのです。密輸入型で伐採《ばっさい》されて輸出されているところが多く、そういうところは行き届かないので、やはり、国レベルでの経済、これを「国民経済」といいますけれども、国民経済の観点から少し考える必要があるなと思うのです。

あなたが思っている以上に、もっと大きな大きな背景があるので、これを単に「正義」「善悪」だけでは言えないところがあります。

あとは、森林開発等についても同じようなことが言えるでしょう。

例えば、この次に講演をすることになっていますけれども（一九九〇年　第三回大講演会「限りなく優《やさ》しくあれ」。『大川隆法　初期重要講演集　ベストセレクション④』所収）、神戸《こうべ》のポートアイランドなどは山を崩《くず》して埋《う》め立《た》てをしてつくったわけですが、それを「善か悪か」といわれると、やはり難しいものがあります。

山に生息していた動物あるいは木がありますから、それ

『大川隆法　初期重要講演集　ベストセレクション④』（幸福の科学出版刊）

らは生息できないわけだけれども、新しく島ができることによって非常に発展しているわけです。

ですから、やはり、ある程度大きな目で見て、「利益、不利益」というものを両方見て、総合的に考えていく必要があります。何事も行きすぎがいけないのです。極端《きょくたん》に走りますと、害になります。極端に行かないように、よく全体の釣《つ》り合いを見ながら、利害がどうしても出てきますから、より多くの人々の幸福になる方向を取っていくのがよいと思います。

ですから、私はどちらの立場にも立ちません。「完全に、環境《かんきょう》に手をつけてはいけない。自然に手をつけてはいけない」と言うだけだと、原始時代と同じ生活にもなりますし、「何をやってもいい」ということになったら、これまた大変なことになります。ですから、そこに「叡智《えいち》」というものが必要なのだと思います。「人間としての叡智」が必要なのであって、その叡智を出し合うことこそが、魂《たましい》修行《しゅぎょう》にとって大事なことであると思います。

環境学というか生態学的に言いますと、日本は、世界でもかなり今進んでいます。公害規制に関しては、世界一のレベルまで今来ています。他の国は、そこまでまだできていません。ソ連（説法《せっぽう》当時）やスウェーデンなどの北欧《ほくおう》もまだ十分にできていません。ですから、いったんそういう害を出しても、それを乗り切って、乗り越《こ》えて、自分たちの力で克服《こくふく》していく智慧《ちえ》ができれば、その智慧を用いて、まだその智慧に至っていないところを導いてあげることが大事です。

日本が世界のリーダー国家となるには

森林に関して述べましたけれども、日本はこれから経済的にも「世界のリーダー」になっていくので、ほかから文句《もんく》を言われて、それを受けて「すみませんでした」と言うだけではなく、これからは世界のリーダーとして、「かくあるべし。

このようにしなければいけない」ということを教えてあげるのが日本の仕事だと思います。

ですから、日本は、一企業とか一個人の利害だけではなく、もっと大きな観点から、世界のリーダーとして言うべきことを言わなければいけない時期が来ています。しかし、その世界のリーダーはいったいどこにいるかというと、それを構成している日本人なのです。結局は、私たちの意識が上がるということが大事なことです。

そこで、理想的な人間といたしましては、「今、話しているような心の教えを十分に学びながら、かつ世界的な規模での世の中の動き、世界の人々の考え方、現在置かれている状況《じょうきょう》、こういうことを知っている人が、今後出てくることが望まれる」、私はそう思います。

特に、宗教的な方向だけに行きますと、「理解」ということ、「他の国の人たちの理解」ということができない人が多いですから、そこはこの世的なことにも目を配って、「現在、自分たちが置かれている魂の修行の場は、どういう場なのか」ということを知る必要があります。

ですから、あなたのご質問に関しては、今述べたように、やはり「中道《ちゅうどう》」を旨《むね》として解決していくべきであるということが、私の考えです。

4 新時代の科学者、研究者へのメッセージ

Q4 私は電力会社の研究員です。大川先生の本を読ませていただいて、物質文明から精神文明へと変わっていく今、よい品物などをつくり出すことを研究の目標としているだけでは物足りないと感じました。そこで、全国の研究者、科学者たちに対し、「究極の自己実現」ということについてアドバイスをお願いします。

一九八九年 第四回講演会「究極の自己実現」
一九八九年七月八日　埼玉《さいたま》県・ソニックシティにて

「研究の向かうべき方向」を伝える草の根的な活動を

幸福の科学でも、分科会のなかに「科学者たちの集《つど》い」があります。本筋《ほんすじ》といいますか、正統な経路というのは、やはり、真理を学んでいる科学者たちが集まって、自分たちの問題を提起し合って、そして、「どうにか影響《えいきょう》を与《あた》えていこう」「活動を開始しよう」という、わりあい地味な活動から始まるのが正統な筋だと、私は思います。

科学者たちの具体的にぶつかっている問題というのは、それぞれの研究テーマによって違《ちが》うでしょう。これ自体をすべて網羅《もうら》するかたちで法として出すのは、かなり難しいことです。

ただ、言えることは、「方向性をはっきり言ってあげなければならない」ということです。

心ある科学者たちは、すでに気づいています。「科学というものは、人間の良心に、良き心に奉仕《ほうし》する方向で、また、すべての人類が幸福になる方向で使われねばならないのだ」ということは考えとして出ていますが、一般《いっぱん》の科学者全体のなかでは、そこまで行っていない人が多いのは事実です。

そうではなくて、やはり自己実現を小さな範囲《はんい》で、限られた枠《わく》のなかで、例えば「化学《ばけがく》なら化学の範囲のなかの研究で、こういう研究結果が出たら自己実現」、あるいは「機械関係なら機械関係で、こういう研究結果が出たら自己実現」という、小さなレベルでそれぞれやっておられると思います。

これはこれで一つの奉仕ではあるのだけれども、できうるならば、そのなかで、一つの方向性を提起するような方《かた》に出ていただきたい。

それは、やはり科学者仲間に説得力のある人でなければ駄目《だめ》だと、私は思うのです。

それゆえに、決して、単なる言葉だけでは済まない部分がある。やはり、「科学者のグループのなかにも、できるだけ優秀《ゆうしゅう》な人を出していただきたい。優秀な科学者に、できれば真理を知っていただきたい。その方向に目覚め、人々を導いていただきたい」という気持ちがあります。

だから、あなたが全国の科学者に呼びかけるならば、あなたもきっと有名な研究者なのだと私は思いますけれども、臆《おく》せずに、一流、超《ちょう》一流の人にアタックをしていただきたい。そして、本当のところを話していただきたい。胸を借りてドーンとぶつかっていっていただきたい。そして、そういう人たちに、「あなたがたこそ、今、火をつけるべき立場にあるんだぞ」ということを教えていただきたい。

「研究の向かうべき方向というのは、やはり、人々が本当に幸福になる方向に、ユートピアに向かっていく方向に行くべきだ」「そういう音頭《おんど》取りをするのは、やはり科学者のなかのリーダーたちがやらなければいけないのだ」ということを、もっともっと言ってほしいのです。そういう草の根的な活動を、できたらやっていただきたい。

科学者のなかにも魂的《たましいてき》に優《すぐ》れた人が多く出ている

いちばんいいのは、やはり、科学者としても優《すぐ》れた人が目覚めることがいちばんです。ですから、そういう人たちに積極的に働きかけてください。さすれば、ほかの人は、だんだんに聞くようになってきます。

ただ、言っておきたいことは、本のなかにも、「科学者たちは霊《れい》や神を信じない」とか、「科学者イコール唯物論《ゆいぶつろん》だ」というような書き方をしている部分もずいぶんありますが、これは、私も「多少、修正の要《よう》がある」というふうに最近、感じています。

幸福の科学のなかで熱心に活動している方、本当に中心的にやっている方のなかには、意外に、科学的なことをやってきた人が多いのです。これは不思議な現象なのですが、お医者さんとか、あるいはエンジニアの方も、そうとう多いのです。現代技術の最先端《さいせんたん》をやっている方が多いのです。

ですから、このへんは、ちょっと言い方を気をつけなければいけないというふうに、最近思うようになってきました。

心ある人は、やはりたくさんいて、「科学が進めば進むほど、心を求めている」、そういう人がいっぱいいるのです。これは「希望」です。

だから、あなたは、抵抗《ていこう》があると思ってはいけないのです。自分で勝手に抵抗をつくって、「きっと、壁《かべ》があって難しいだろうな」と思わないでください。

優秀な方々は、科学者や研究者のなかにいっぱい出ています。魂的《たましいてき》にも優れた方もいっぱい出ています。彼らは、もともと素質も非常にいいですから、ほんの小さなきっかけで分かることがあります。目が開《ひら》けます。

だから、決して、自分で勝手に、「難しいのだ。科学者イコール研究者イコール唯物論なのだ。駄目なのだ」というふうに思わないで、「このなかに、心ある人はいっぱいいいる」と思ってください。

さすれば、本当にそういう人たちの〝鉱脈《こうみゃく》〟に当たっていきます。信じてください。私も、そう信じることにしました。

本当に、科学者たちのなかには優れた方がいっぱいいいます。研究者、エンジニア、立派です。今、（初期の幸福の科学のなかで活動している方で）いちばん光っています。

だから、希望を持ってください。かえって、いちばん早いかもしれない。政治家や経済人たちよりも、科学者のほうが早いかもしれませんよ、本当のものを求めているから。

頑張《がんば》ってください。私も頑張ります。

5　未来社会の新しいエネルギー源について

Q5　新たなるエネルギーについてお訊《き》きします。今、常温核融合《かくゆうごう》などが流行《はや》っています。また、霊言集《れいげんしゅう》のなかに、「海水から何か新しい成分が取り出されて、それがエネルギーになる」というような話も書かれているのですけれども、今後、「こういうエネルギーが出る」とか、「こういうふうにすればできる」というようなところもお訊きできればと思います。

一九八九年　五月研修「『新・モーゼ霊訓集《れいくんしゅう》』講義」

一九八九年五月五日　兵庫県・宝塚《たからづか》グランドホテルにて

まだまだ研究の余地がある「化学変化のエネルギー」

一昨日《おととい》、空港から講演会場に来るときにタクシーに乗ったのですけれども、タクシーで一時間以上かかりまして、そうすると、その運転手が大阪《おおさか》のミナミのほうのタクシーだったので、帰れないんですね。宝塚のほうへ向かってくると、もう渋滞《じゅうたい》で帰れない。

それで、運転手がずっと愚痴《ぐち》を言い続けるものですから、ついに私も耳を塞《ふさ》ぎたくなって、「これは黙《だま》らせないと、どうにもならない。今日はせっかく来て、『勇気の原理』の話をしようとしているのに、渋滞の愚痴ばかり聞かされたのではたまらん」ということで、幸福の科学の月刊誌をちょうど持っていたものですから、見せたのです。「こういうことをやっているんだよ」と言って渡《わた》したところ、運転手さんは、渋滞して車が止まっているときにパラパラッと見ていました。

そして、今月号の巻頭言《かんとうげん》とかを見て、「うーん」と分かったようにうなずいて、「要するに、（幸福の科学は）核融合の研究をしておられるところでしょうか」と言ったのです。

そんな話をしていたので、「似た質問が出てきたな。すごく予知能力のある方だな」と思って、私は今、感動していたのです（笑）。

その人は、「本ですか。私は、もう本なんて読んだことがない。ああ、株の本だけは読みます」と言って、「ついては、この前、〇〇化学の株を買った」と株の話をし始めたのですが、そのときに、面白《おもしろ》いことを言っていました。要するに、今あなたが言ったことを急に言い始めたわけです。「重水《じゅうすい》について何か研究をしているところがあって」と、どうのこうの言い始めて、そして、「この株は上がりましょうか、上がらないんでしょうか」と言い始めたのです。

こちらはそういう研究はしていないので、もう笑顔だけで、「エヘヘヘヘ」と言ってみんなで笑っていました。ところが、向こうは科学者だと信じているのですから、しかたがありません。終始適当にその話の相手をしていました。

しかし、そういうニーズが幸福の科学の会員から出てくるとなると、やはり問題です。ただ、私自身は、その分野はあまり得意ではないので、やるとすると、当会のなかにも研究者の方がいらっしゃるでしょうから、そうした人にちょっと頑張《がんば》ってもらわないとしかたがないのです。

エネルギー源としては、今後、重要になるのは、やはり、化学変化のエネルギーです。これはまだまだ余地がものすごくあります。

いろいろな化学反応のエネルギーのなかで、例えば、水素の核反応、水素爆弾《ばくだん》とか原子爆弾のもとになった水素の部分とか、あるいはウランの反応とかいろいろありましたが、これ以外に、もっと一般《いっぱん》的な化学反応のなかからエネルギーを取り出す方法が続々研究されるということだけは確実です。

でも、これはもう、科学者グループたちの活躍《かつやく》を待たないと、私たちの仕事としてはちょっと無理かもしれません。裾野《すその》としてはあるかもしれないけれども、研究まではできないかもしれません。

未来に大きな力となる「生命エネルギー」と「生長《せいちょう》エネルギー」

あと、もう一つ、明らかに使われるエネルギーとして出てくるのが、これは霊言集にも出ていたかと思いますけれども、「生命エネルギーの部分」の研究なのです。この生命エネルギーを、いわゆる毎日の消費エネルギーみたいなものに切り替《か》えるという研究が進むと推定されるのです。

地上には、動物、植物といろいろありますが、そのなかで、生命エネルギー量として極《きわ》めて大きなエネルギーを持っているものがあるのです。それは、植物のなかでも動物のなかでもあります。

例えば、これをもっと言いますと、植物で言えば、あの小さなニンニクというものがありますね。あれを食べると力が出ます。それを、みなさんは、単にニンニクというものの力だと思っているでしょう。「物質的なものだ」「栄養だ」と思っているかもしれないけれども、私なんかは霊的能力がありますから、ああいうものを食べるとどういう反応が起きるかが分かるのです。

そうすると、あれは単なる物質エネルギーではないのです。その植物に、明らかに「霊エネルギー」があるのです。それはなぜかというと、（体に）入った瞬《しゅん》間《かん》に（力が）出てくるからです。消化して吸収されたものではなく、そのものにあるんですね。こういうものがあるのです。ニラとか、あんなものもそうですね。

あと、肉類のなかでも、特にそういうものが強いものがあります。内臓とか、そういう部分がありますし、動物のなかでも、特別にエネルギーが豊富な動物がいます。

例えば、私の秘書なんかは気が利《き》くものですから、私の部屋に入ると、机の上に赤マムシの粉末が置いてありまして、朝、二さじほど舐《な》めてまいりました（当時）。今、ついでのたとえ話で言っているので、赤マムシの宣伝をしているわけではないのですが、これも普通《ふつう》は、栄養であれば、吸収してから力になります。ところが、これが口に入る瞬間に、体からいわゆる光と同じものが出るのです。どうやら、その物質のなかに、そういう霊エネルギーが明らかにあるんですね。私なんかは〝直通〟だからすぐに分かってしまうけれども、こういうものがあるのです。

このへんが、研究の余地としてそうとう残っているのです。地上にある食べ物などのなかで、あるいは植物などのなかで、「霊エネルギー」を持っているものがある。この部分を抽出《ちゅうしゅつ》する。そして、抽出して、実際に「燃焼《ねんしょう》エネルギー」とか「活動エネルギー」に変えていくという研究が出てきます。

すなわち、今まで、例えば、東洋医学とか漢方だとか、薬局だけでやっていたようなものが、今度は化学のほうへ持ってきて研究されて、エネルギーを取り出す、そういう研究がもっと進んでいきます。これは明らかにあるのです。この「霊エネルギー」が宿っている物質がそうとうあるので、これを本当の活動エネルギーに変えていく工夫《くふう》が必要だと思います。

それと、もう一つは、アトランティス時代にあった「生長《せいちょう》エネルギー」です。あの生長エネルギーをどう取り出すかです。

確かに、あの生長エネルギーというのはすごいものがあります。あれをどう取り出すか。これはまだ、理念だけがあって具体性がありませんけれども、この万《ばん》物《ぶつ》が生長していくときのエネルギーを取り出すというのは、工夫がまた要《い》ると思います。

ただ、確かに、これはまだ、私たちでは具体的にはできないかもしれません。

支援《しえん》霊団たちが科学者たちに指導してやっていけるといいなと思います。そういうところですね（注）。

（注）その後、二〇一五年にハッピー・サイエンス・ユニバーシティ（ＨＳＵ）を開学し、未来産業学部で新エネルギー等についても、さまざまな研究が行われている。

あとがき

経済的発展や科学技術の進化を目指しているため、現代社会は急速に宗教から離れて行っているようにも思える。

その意味で、本書は現代における神仏の心を語ったものであり、信仰と発展・繁栄は両立することを物語ったものでもある。

神仏は決して人類を見放してはいない。また同時に、人間の頭で考えたものだけが、合理的で理性的だと認めているわけでもない。

本書は、進化・発展していく現代社会の中で、宗教は果たして生き残れるか、を問うたものでもある。若き宗教家のチャレンジの書でもあるといえよう。過去に講演会で一人一人の質問に答えた考え方に、未来への指針も、あまたあるものと信じている。

二〇二一年　七月二日

幸福《こうふく》の科学《かがく》グループ創始者兼総裁《そうししゃけんそうさい》　大川隆法《おおかわりゅうほう》

『エル・カンターレ 人生の疑問・悩みに答える　発展・繁栄を実現する指針』関連書籍

『黄金の法』（大川隆法 著　幸福の科学出版刊）
『神理文明の流転』（同右）
『大川隆法　初期重要講演集　ベストセレクション③』（同右）
『大川隆法　初期重要講演集　ベストセレクション④』（同右）
『幸福実現党宣言』（同右）
『新・日本国憲法 試案』（同右）

※左記は書店では取り扱っておりません。最寄りの精舎・支部・拠点までお問い合わせください。
『大川隆法霊言全集 第12巻 西郷隆盛の霊言／福沢諭吉の霊言／木戸孝允の霊言』（大川隆法 著　宗教法人幸福の科学刊）

『ユートピア価値革命』（同右）

エル・カンターレ 人生《じんせい》の疑問《ぎもん》・悩《なや》みに答《こた》える
発展《はってん》・繁栄《はんえい》を実現《じつげん》する指針《ししん》

2021年7月26日　初版第1刷
2022年10月17日　第2刷

著者　大《おお》川《かわ》隆《りゅう》法《ほう》

発行所　幸福の科学出版株式会社

〒107-0052 東京都港区赤坂2丁目10番8号
TEL(03)5573-7700
https://www.irhpress.co.jp/

印刷・製本　株式会社 堀内印刷所

落丁・乱丁本はおとりかえいたします

ISBN978-4-8233-0278-7 C0014
カバー，帯 Alex Stemmer / Shutterstock.com
装丁・イラスト・写真（上記・パブリックドメインを除く）© 幸福の科学

大川隆法ベストセラーズ・**初期質疑応答集**

初期
質疑応答
シリーズ
第1～7弾!

「エル・カンターレ
人生の疑問・悩みに答える」シリーズ

幸福の科学の初期の講演会やセミナー、研修会等での質疑応答を書籍化。一人ひとりを救済する人生論や心の教えを、人生問題のテーマ別に取りまとめたＱＡシリーズ。【各1,760円】

1

人生をどう生きるか

2

幸せな家庭を
つくるために

3

病気・健康問題への
ヒント

4

人間力を高める
心の磨き方

6

霊現象・霊障への
対処法

7

地球・宇宙・霊界
の真実

※表示価格は税込10%です。

大川隆法ベストセラーズ・初期講演集シリーズ

初期
講演集
シリーズ
第1〜7弾!

「大川隆法　初期重要講演集 ベストセレクション」シリーズ

幸福の科学初期の情熱的な講演を取りまとめた初期講演集シリーズ。幸福の科学の目的と使命を世に問い、伝道の情熱や精神を体現した救世の獅子《しし》吼《く》がここに。【各1,980円】

1

幸福の科学とは何か

2

人間完成への道

3

情熱からの出発

4

人生の再建

5

勝利の宣言

6

悟りに到る道

7

許す愛

幸福の科学グループのご案内

宗教、教育、政治、出版などの活動を通じて、地球的ユートピアの実現を目指しています。

幸福の科学

一九八六年に立宗。信仰の対象は、地球系霊団の最高大霊、主エル・カンターレ。世界百六十五カ国以上の国々に信者を持ち、全人類救済という尊い使命のもと、信者は、「愛」と「悟り」と「ユートピア建設」の教えの実践、伝道に励んでいます。

（二〇二二年十月現在）

愛

幸福の科学の「愛」とは、与える愛です。これは、仏教の慈悲《じひ》や布施《ふせ》の精神と同じことです。信者は、仏法真理をお伝えすることを通して、多くの方に幸福な人生を送っていただくための活動に励んでいます。

悟り

「悟り」とは、自らが仏の子であることを知るということです。教学《きょうがく》や精神統一によって心を磨き、智慧《ちえ》を得て悩みを解決すると共に、天使・菩薩《ぼさつ》の境地を目指し、より多くの人を救える力を身につけていきます。

ユートピア建設

私たち人間は、地上に理想世界を建設するという尊い使命を持って生まれてきています。社会の悪を押しとどめ、善を推し進めるために、信者はさまざまな活動に積極的に参加しています。

国内外の世界で貧困や災害、心の病で苦しんでいる人々に対しては、現地メンバーや支援団体と連携して、物心両面にわたり、あらゆる手段で手を差し伸べています。

年間約２万人の自殺者を減らすため、全国各地で街頭キャンペーンを展開しています。

公式サイト **www.withyou-hs.net**

自殺防止相談窓口

受付時間　火～土:10～18時（祝日を含む）

TEL **03-5573-7707** メール **withyou-hs@happy-science.org**

ヘレン・ケラーを理想として活動する、ハンディキャップを持つ方とボランティアの会です。視聴覚障害者、肢体不自由な方々に仏法真理を学んでいただくための、さまざまなサポートをしています。

公式サイト **www.helen-hs.net**

入会のご案内

幸福の科学では、大川隆法総裁が説く仏法真理《ぶっぽうしんり》をもとに、「どうすれば幸福になれるのか、また、他の人を幸福にできるのか」を学び、実践しています。

入会

仏法真理を学んでみたい方へ

大川隆法総裁の教えを信じ、学ぼうとする方なら、どなたでも入会できます。入会された方には、『入会版「正心法語《しょうしんほうご》」』が授与されます。

入会ご希望の方はネットからも入会申し込みができます。

happy-science.jp/joinus

三帰《さんき》誓願《せいがん》

信仰をさらに深めたい方へ

仏弟子としてさらに信仰を深めたい方は、仏《ぶっ》・法《ぽう》・僧《そう》の三宝《さんぼう》への帰依を誓う「三帰誓願式」を受けることができます。三帰誓願者には、『仏説・正心法語』『祈願文《きがんもん》①』『祈願文②』『エル・カンターレへの祈り』が授与されます。

幸福の科学 サービスセンター
TEL 03-5793-1727 （受付時間／火～金:10～20時 土・日祝:10～18時（月曜を除く））

幸福の科学 公式サイト
happy-science.jp

ハッピー・サイエンス・ユニバーシティ

Happy Science University

ハッピー・サイエンス・ユニバーシティとは

ハッピー・サイエンス・ユニバーシティ（HSU）は、大川隆法総裁が設立された「現代の松下村塾」であり、「日本発の本格私学」です。建学の精神として「幸福の探究と新文明の創造」を掲げ、チャレンジ精神にあふれ、新時代を切り拓く人材の輩出を目指します。

人間幸福学部　経営成功学部　未来産業学部

HSU長生キャンパス TEL **0475-32-7770**

〒299-4325　千葉県長生郡長生村一松丙 4427-1

未来創造学部

HSU未来創造・東京キャンパス

TEL **03-3699-7707**

〒136-0076　東京都江東区南砂2-6-5　公式サイト **happy-science.university**

学校法人 幸福の科学学園

学校法人 幸福の科学学園は、幸福の科学の教育理念のもとにつくられた教育機関です。人間にとって最も大切な宗教教育の導入を通じて精神性を高めながら、ユートピア建設に貢献する人材輩出を目指しています。

幸福の科学学園

中学校・高等学校（那須本校）

2010年4月開校・栃木県那須郡（男女共学・全寮制）

TEL **0287-75-7777**　公式サイト **happy-science.ac.jp**

関西中学校・高等学校（関西校）

2013年4月開校・滋賀県大津市（男女共学・寮及び通学）

TEL **077-573-7774**　公式サイト **kansai.happy-science.ac.jp**

仏法真理塾「サクセスNo.1」

全国に本校・拠点・支部校を展開する、幸福の科学による信仰教育の機関です。小学生・中学生・高校生を対象に、信仰教育・徳育にウエイトを置きつつ、将来、社会人として活躍するための学力養成にも力を注いでいます。

TEL **03-5750-0751**（東京本校）

エンゼルプランV

東京本校を中心に、全国に支部教室を展開。信仰をもとに幼児の心を豊かに育む情操教育を行い、子どもの個性を伸ばして天使に育てます。

TEL **03-5750-0757**（東京本校）

エンゼル精舎

乳幼児が対象の、託児型の宗教教育施設。エル・カンターレ信仰をもとに、「皆、光の子だと信じられる子」を育みます。
（※参拝施設ではありません）

不登校児支援スクール「ネバー・マインド」

TEL **03-5750-1741**

心の面からのアプローチを重視して、不登校の子供たちを支援しています。

ユー・アー・エンゼル！（あなたは天使！）運動

障害児の不安や悩みに取り組み、ご両親を励まし、勇気づける、障害児支援のボランティア運動を展開しています。

一般社団法人 ユー・アー・エンゼル
TEL **03-6426-7797**

NPO活動支援

学校からのいじめ追放を目指し、さまざまな社会提言をしています。また、各地でのシンポジウムや学校への啓発ポスター掲示等に取り組む一般財団法人「いじめから子供を守ろうネットワーク」を支援しています。

公式サイト **mamoro.org**　ブログ **blog.mamoro.org**
相談窓口 **TEL.03-5544-8989**

百歳まで生きる会～いくつになっても生涯現役～

「百歳まで生きる会」は、生涯現役人生を掲げ、友達づくり、生きがいづくりを通じ、一人ひとりの幸福と、世界のユートピア化のために、全国各地で友達の輪を広げ、地域や社会に幸福を広げていく活動を続けているシニア層（55歳以上）の集まりです。

【サービスセンター】TEL **03-5793-1727**

シニア・プラン21

「生涯現役人生」を目指すための「百歳まで生きる会」の養成部門として、活動しています。心を見つめ、新しき人生の再出発、社会貢献を目指しています。

【サービスセンター】TEL **03-5793-1727**

幸福実現党

幸福実現党 釈量子サイト
shaku-ryoko.net
Twitter **釈量子@shakuryoko**で検索

内憂外患《ないゆうがいかん》の国難に立ち向かうべく、2009年5月に幸福実現党を立党しました。創立者である大川隆法党総裁の精神的指導のもと、宗教だけでは解決できない問題に取り組み、幸福を具体化するための力になっています。

幸福実現党　党員募集中

あなたも幸福を実現する政治に参画しませんか。

＊申込書は、下記、幸福実現党公式サイトでダウンロードできます。
住所：〒107-0052　東京都港区赤坂2-10-8 6階 幸福実現党本部
TEL **03-6441-0754**　FAX **03-6441-0764**
公式サイト **hr-party.jp**

HS政経塾

大川隆法総裁によって創設された、「未来の日本を背負う、政界・財界で活躍するエリート養成のための社会人教育機関」です。既成の学問を超えた仏法真理を学ぶ「人生の大学院」として、理想国家建設に貢献する人材を輩出するために、2010年に開塾しました。現在、多数の市議会議員が全国各地で活躍しています。

TEL **03-6277-6029**
公式サイト **hs-seikei.happy-science.jp**

幸福の科学出版

大川隆法総裁の仏法真理の書を中心に、ビジネス、自己啓発、小説など、さまざまなジャンルの書籍・雑誌を出版しています。他にも、映画事業、文学・学術発展のための振興事業、テレビ・ラジオ番組の提供など、幸福の科学文化を広げる事業を行っています。

アー・ユー・ハッピー？
are-you-happy.com

ザ・リバティ
the-liberty.com

幸福の科学出版
TEL **03-5573-7700**
公式サイト **irhpress.co.jp**

THE FACT
ザ・ファクト
マスコミが報道しない「事実」を世界に伝えるネット・オピニオン番組

ザ・ファクト 検索

NEW STAR PRODUCTION

ニュースター・プロダクション

「新時代の美」を創造する芸能プロダクションです。多くの方々に良き感化を与えられるような魅力あふれるタレントを世に送り出すべく、日々、活動しています。 公式サイト **newstarpro.co.jp**

ARI Production

ARI《アリ》 Production《プロダクション》

タレント一人ひとりの個性や魅力を引き出し、「新時代を創造するエンターテインメント」をコンセプトに、世の中に精神的価値のある作品を提供していく芸能プロダクションです。 公式サイト **aripro.co.jp**